普通高等教育"十一五"国家级规划教材

浙江省普通高校"十三五"新形态教材

高职高专市场营销专业工学结合规划教材

MARKETING

PRACTICE

新编市场营销实务

主　编　章金萍

副主编　戴海容

浙江大学出版社

图书在版编目(CIP)数据

　　新编市场营销实务/章金萍主编. —杭州：浙江大学出版社，2018.8（2022.1重印）
　　ISBN 978-7-308-18363-5

　　Ⅰ.①新… Ⅱ.①章… Ⅲ.①市场营销学—高等职业教育—教材 Ⅳ.①F713.50

　　中国版本图书馆 CIP 数据核字（2018）第 136097 号

新编市场营销实务

章金萍　主　编

戴海容　副主编

责任编辑	朱　辉	
文字编辑	於国娟	
责任校对	高士吟	
封面设计	春天书装	
出版发行	浙江大学出版社	
	（杭州市天目山路 148 号　邮政编码 310007）	
	（网址：http://www.zjupress.com）	
排　　版	杭州林智广告有限公司	
印　　刷	浙江省邮电印刷股份有限公司	
开　　本	787mm×1092mm　1/16	
印　　张	13.5	
字　　数	263 千	
版 印 次	2018 年 8 月第 1 版　2022 年 1 月第 2 次印刷	
书　　号	ISBN 978-7-308-18363-5	
定　　价	35.00 元	

内容简介

本书为任务驱动项目化教学改革基础上的线上线下相结合的新形态教材。

全书以营销职业岗位及岗位群要求的职业能力分析为依据，按照营销职业岗位的工作流程，将教材内容整合成感悟营销、商情调查、商略制定、商计策划、商务实战等相互关联的五个项目，每个项目下又根据实际工作需要设置了若干工作任务，并列出完成工作任务的活动步骤，从而使学生在学习本门课程时能够得到方法与操作流程的指导。同时，通过网络技术，在网络课程中展示案例、演示文稿、动画、视频、微课等丰富的学习素材，从而实现理论与实践并重、分析与实战并重、线上与线下一体的目标。

本书可作为高职院校财经类专业工学结合、线上线下新形态课程教学的选用教材。

课程介绍

前　言

　　随着国内高职院校课程教学改革的日益深入，教材作为教学基本建设的重要内容之一，既是课程改革实施的依托和课程改革成果的外化，又是人才培养模式创新的重要载体。　而为进一步适应财经类专业工学结合人才培养模式的创新以及互联网技术引发的教学方法与手段的革命性变革，教材在编写上需要与之相适应的内容、体例及表现形式。

　　"市场营销实务"课程是市场营销专业的专业基础课，也是高职院校财经类专业普遍开设的一门必修课程。　早在 2005 年 2 月，浙江大学出版社就出版了由本人主编的《市场营销理论与实务》，该教材于 2008 年被教育部列入普通高等教育"十一五"国家级规划教材。　根据教育部及出版社的要求，教材进行了较大幅度的修订，结构体例完全按照任务驱动的项目教学进行设置，并更名为《市场营销实务》，以突出对学生营销实战能力的指导和训练。　同时，由本人主持的"市场营销技术"课程也被教育部高职高专工商管理类专业指导委员会立项为 2008 年度精品课程，《市场营销实务》（第二版）也作为与该课程相配套的教材，于 2010 年 1 月由浙江大学出版社出版。　两版教材自出版以来共印刷 7 次，发行 2 万余册。

　　近年来，随着国内产业结构的转型升级，一些传统产业的优势不复存在，新兴产业大量出现。　经济社会出现的新事物、新现象、新问题理应反映在教学内容中；而"互联网＋教育"的一个突出表现就是革新传统的教材形态，对于静态的纸质教材，通过二维码技术赋予更多的动态资源，从而满足学生线上线下学习的需要。　在这一背景下，浙江省高等教育学会开展了"十三五"新形态教材项目评选，并于 2017 年 9 月立项了首批新形态教材，本教材有幸入选，并定名为《新编市场营销实务》。

　　《新编市场营销实务》新形态教材在保持上一版教材实战性特点的基础上，更新了上一版全部的教学案例和部分知识点，使学生能够接触到经济转型升级中市场领域出现的最新动态，从而能够以新观点、新视角、新方法去思考、分析和解决问题。　同时，对版式和内容进行了重新设计、编排，使纸质教材和数字化资源有机联系、相互配合、互相支撑，进而实现理论与实践并重、分析与实战并重、线上与线下一体的目标。

　　全书以营销职业岗位及岗位群要求的职业能力分析为依据，按照营销职业岗位的工作流程，将教材内容整合成感悟营销、商情调查、商略制定、商计策划、商务实战等相互关联的五个项目，每个项目下又根据实际工作需要设置了若干工作任务，并列

出完成工作任务的活动步骤，从而使学生在学习本门课程时能够得到方法与活动流程的指导。同时，通过网络技术，在网络课程中展示案例、演示文稿、动画、视频、微课等丰富的学习素材。这样，既能够通过知识链接使学生学习到课程的基本知识，弥补了许多任务驱动的项目教学教材在学生掌握系统知识上的不足，又能通过案例学习、拓展训练等栏目的教学与训练，使学生的实战能力得到强化；同时，通过实体课堂学习与课后网络课堂中碎片化资源的学习和利用，真正实现跨时空课程学习的新目标。本书各项目工作任务和活动部分的内容详见下表。

《新编市场营销实务》各项目工作任务和活动一览

项目名称	工作任务	活动
项目一：感悟营销	掌握营销内涵	感悟营销
		剖析营销内涵
		分析营销要素与梳理营销流程
		区别营销与推销
	确立现代营销理念	解读 5 种企业营销理念
		分析企业营销理念选择依据
		展望市场营销发展新趋势
	创设营销组织	组建项目团队
		创设模拟公司
		明确营销组织构成
项目二：商情调查	分析宏观、微观市场营销环境	分析宏观市场营销环境
		分析微观市场营销环境
		绘制威胁—机会分析矩阵图
		进行 SWOT 分析
	调研市场	明确调研目标
		制订调研计划
		设计调查问卷
		实施调查(以街头拦截法为例)
	撰写调研报告	整理调查资料
		分析调查资料
		提出调研结论
		撰写调研报告

项目名称	工作任务	活动
项目三：商略制定	细分市场	确定市场细分依据
		分析潜在消费者需求
		命名细分市场
	选择目标市场	评估细分市场
		选择目标市场
		确定目标市场营销策略
	明确市场定位	了解市场定位方式
		研究竞争者市场定位
		设计市场定位图
		制定市场定位策略
项目四：商计策划	设计产品策略	确定产品组合策略
		明确新产品开发流程
		选择品牌策略
		设计产品包装策略
	设计定价策略	设计定价方案
		确定定价策略
	设计渠道策略	调研分销渠道
		设计分销渠道
		明确分销渠道管理的内容
	设计广告策略	确定广告目标
		确定广告创意与诉求
		选择广告媒体
	设计营业推广策略	选择营业推广种类
		设计营业推广活动
	设计公关促销策略	开展企业公关调研
		确定公关促销策略
项目五：商务实战	寻找与拜访客户	寻找客户
		拜访前准备
		正式拜访
	达成交易	处理反对意见
		商定交易并签订交易合同
	维护客户关系	售后回访客户
		处理客户投诉

在本书的编写过程中，编者汲取了众多专家、学者的最新研究成果，也得到了行业诸位业务能手的悉心指导，在此谨表示衷心的感谢！ 但限于编者水平有限，难免有疏漏不妥之处，敬祈读者批评指正！

编　者

2018 年 7 月于杭州

目　录
CONTENTS

项目一
感悟营销

项目二
商情调查

项目三
商略制定

项目四 商计策划

项目五 商务实战

项目一

感悟营销

教学目标

能力目标	知识目标
(1) 能够分析各种不同企业营销理念的优劣及表现 (2) 能够根据公司创立的条件及流程创设模拟公司	(1) 了解营销的相关要素与流程 (2) 了解各种不同的营销理念 (3) 明确营销与推销的区别 (4) 了解现代营销组织结构的种类及适用情况

工作任务

··· 案例

小李的创业故事和营销策略

　　小李是浙江金融职业学院市场营销专业 2013 届的毕业生。早在学校学习期间,小李就积极参与各种社会实践活动,提升自己的营销专业技能,并在入学不久就实现自食其力。他在圣诞节卖过苹果,在毕业季帮毕业生寄送过快递,在暑期卖过装修材料,当过琴行店长,后来,在学校的支持下,他开始创业,大三时在学校创业园开起了他人生中第一家自己的琴行。

■ 怎样做合格的营销人员

　　毕业 5 年多,经过不懈的努力,小李先后在学校所处的杭州市下沙高教园区开设了四家以母亲名字命名的连锁琴行,也成立了自己的艺术培训公司——杭州品忆艺术培训有限公司。业务经营范围也从最初的吉他、钢琴培训拓展到音乐培训和乐器销售并重。但小李并不满足于此,他有一个梦想,他想成为像俞敏洪一样的人物,希望有朝一日他的琴行像"新东方"一样遍布全中国,他要让品忆琴行这个品牌成为国内音乐培训的知名品牌。

　　为了实现这个梦想,小李制订了分步业务拓展计划,决定将音乐培训和乐器销售业务从自己熟悉的下沙高教园区逐渐向全市、全省乃至全国拓展。培训的种类从单纯的音乐培训向其他艺术类别如书法、绘画等拓展;销售的产品则在吉他和钢琴之外增加更

1

多种类的乐器,并采用租售结合的模式。

小李,这个从浙江金融职业学院市场营销专业走出去,心怀梦想、脚踏实地的创业者,确立的经营战略就是:以杭州市下沙高教园区为切入点,以杭州为根据地,开拓属于自己的市场,创立真正属于自己的艺术培训品牌,把自己的艺术培训品牌推广到全中国。

❓ 思考与讨论

1. 小李的目标是:

_____

2. 要实现上述目标,小李需要:

(1)_____

(2)_____

(3)_____

⊞ 任务分解

了解如何应用现代营销理念构建营销组织,应完成以下各项任务。

任务一:掌握营销内涵

任务二:确立现代营销理念

任务三:创设营销组织

任务一: 掌握营销内涵

任何企业都与市场存在着千丝万缕的联系。市场营销活动的主体是企业,市场营销管理是企业经营管理的核心内容和工作重点。认识市场,适应市场,驾驭市场,使企业活动与社会需要协调起来,是企业营销活动的核心与关键。

工作步骤

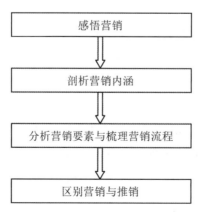

```
┌─────────────────────────┐
│        感悟营销           │
└─────────────────────────┘
            ↓
┌─────────────────────────┐
│       剖析营销内涵         │
└─────────────────────────┘
            ↓
┌─────────────────────────┐
│   分析营销要素与梳理营销流程  │
└─────────────────────────┘
            ↓
┌─────────────────────────┐
│       区别营销与推销       │
└─────────────────────────┘
```

第一步 感悟营销

活动顺序..

1. 以小李的创业项目任务引导学生进行情景模拟,思考如何在不同的社会发展背景下完成音乐培训在当地市场的推广。

2. 阅读案例材料,分析案例中介绍的企业营销成功与失败的原因是什么,对你有什么启示。

案例

小白鞋 大战略

德国阿迪达斯公司旗下的 Stan Smith 小白鞋如今已成为"潮男""潮女"鞋柜中必备之品。

Stan Smith 小白鞋是阿迪达斯专门为美国前网球名将斯坦·史密斯设计的,于是就以他的名字命名。就连斯坦本人都承认,现在人们一提到 Stan Smith 首先想到的并不是曾经勇夺大满贯的自己,而是这双小白鞋。

无论正品还是仿制品,Stan Smith 小白鞋都俘获了越来越多的城市"潮人",有人甚至专门用衣服来搭配小白鞋。阿迪达斯也有望凭借小白鞋的超高销量,实现赶超美国耐克公司的梦想。

但是 Stan Smith 小白鞋的走红并非偶然,阿迪达斯凭借一套扎扎实实的营销策略才赢得了今天的成绩。

Stan Smith 小白鞋最初走红于 20 世纪 80 年代。虽然也曾经历低迷,但从 2010 年开始时尚界重新掀起了以 Stan Smith 为首的复古小白鞋潮流。要知道新千年伊始,这双小白鞋已经被打入打折商店的冷宫。然而,阿迪达斯品牌战略与业务发展总监阿图尔·赫尔德当时坚信,Stan Smith 小白鞋依然有很大潜力可挖掘,并通过一系列营销策略让这双小白鞋再创辉煌。

第一个策略就是让 Stan Smith 小白鞋打入时尚界。

赫尔德表示:"我们当时希望让小白鞋重新穿在时尚设计师脚上,并与时尚潮流联系起来。"法国奢侈品牌思琳的天才设计师费奥比·菲洛成为最先穿着 Stan Smith 小白鞋在 T 台上谢幕的时尚大腕之一。

接下来阿迪达斯采取了一种反直觉式的营销策略。2012 年阿迪达斯将 Stan

Smith 小白鞋下架,让市场出现一鞋难求的现象,进而通过饥饿营销的手段重新刺激消费者需求。到了 2013 年年中,Stan Smith 小白鞋的忠实拥趸们开始致电或致信阿迪达斯,强烈抗议 Stan Smith 小白鞋停产并要求其重新恢复生产。

阿迪达斯回应了顾客的要求。当年年末,阿迪达斯推出了新一款 Stan Smith 小白鞋,但是只向一些时尚界精英人士赠送了一批,例如当红华裔设计师王大仁。随后王大仁等一众潮人开始穿着 Stan Smith 小白鞋出入公共场合,羡煞旁人。

随后,阿迪达斯的营销策略达到了顶峰:国际超模吉赛尔·邦辰全身上下只穿着 Stan Smith 小白鞋登上法国《时尚》杂志。接下来,阿迪达斯更是推出了一系列由著名演员和社交名流穿着 Stan Smith 小白鞋的视频。

2014 年年初,阿迪达斯开始在专卖店投入新版 Stan Smith 小白鞋,数月后零售商开始拿货,接下来轮到大型卖场。

此外,阿迪达斯还在 2014 年推出了几个特殊版本,例如高跟 Stan Smith、仿鳄鱼皮 Stan Smith 等,而且都售价不菲。

2015 年,Stan Smith 小白鞋的销量呈现火箭式上升,达到 800 万双。同时,阿迪达斯又推出了多种特殊款式。阿迪达斯希望每位顾客都能拥有几双样式不同的 Stan Smith。

2016 年,阿迪达斯的销售额达到 193 亿欧元,直逼耐克。毫无疑问,Stan Smith 小白鞋的销量将对阿迪达斯到 2020 年实现销量超过 250 亿欧元的目标起至关重要的作用。

(资料来源:当红小白鞋 Stan Smith 的成名路[N].参考消息,2017 – 05 – 16)

❓ 思考与讨论

1. 为什么在新千年伊始小白鞋已经被打入打折商店冷宫之时,阿迪达斯品牌战略与业务发展总监阿图尔·赫尔德仍坚信,Stan Smith 小白鞋依然有很大潜力可挖掘?

2. 小白鞋再度获得成功的理由是(至少写出 3 个):

(1) _____

(2) _____

(3) _____

💬 案例

共享单车市场竞争惨烈,小蓝单车深陷经营困境

小蓝单车,英文名 bluegogo,是天津鹿鼎科技有限公司研发的城市共享单车产品,

使用无桩停放技术,智能全球定位系统并结合移动智能应用,致力于解决 1～5 公里的城市出行问题,做到"随借随还,自由骑行"。小蓝单车以"轻运动"作为品牌理念,打造一款轻便优雅的互联网单车,专注于安全、舒适的骑行体验,倡导健康、环保的生活理念,让运动变得简单和随时随地。2016 年 11 月 22 日,小蓝单车于深圳召开发布会,并正式落地运营。

小蓝单车一直不吝于在单车上下成本,其发布的一代产品造价就达到了 1000 元,二代产品 bluegogo pro 的造价更进一步上探到 2000 元档位,几乎与摩拜一代的造价持平。小蓝单车在品质方面有以下三点得到了用户的高度认同。

(1)车座:车座的舒适性很好,而且可以调节高度,这一点比别的几家共享单车更多了一份人情味。

(2)变速器:小蓝单车采用定制的禧玛诺变速器,这大大提高了小蓝单车的品质。有了这个变速器,用户在骑行的时候心理上会觉得轻快不少,这对注重舒适性的用户来说很有吸引力。

(3)刹车片:小蓝单车的前后轮刹车系统是不一样的,前轮采用了内鼓刹车,让制动距离变短,后轮采用罗拉刹车,具有效率高、刹车反应速度快、操作轻便、故障率低的优点。

但是在 2017 年 11 月 16 日,小蓝单车创始人李刚公开发表声明:"再好骑的产品,在缺少多元化资本支持和良好的财务规划能力时,都显得无力。"声明中,李刚那句"我们战到了最后一刻"正式宣布小蓝单车退场。

小蓝单车倒下的原因是什么呢?虽然缺乏投资人资金的支撑是主要原因(对于前期需要铺量的共享单车,手上拿到的资金直接决定了能够占领多大的市场份额),但产品高度同质化却是最大的弊病,虽然相较于共享单车行业的前两名摩拜和 ofo,小蓝单车在车座、变速器、刹车片等地方下了功夫,但给予用户的使用体验并未从根本上改变或提升。在摩拜和 ofo 分别完成了 3 轮融资,从投资机构里拿到合计超过了 21 亿美元融资时,小蓝单车并未得到投资机构的青睐。此外,由于大城市普遍存在的"潮汐效应",共享单车对运营的要求极高,各地下发的共享单车新规也规定了共享单车企业须配备的运营维护人员数量,这导致运营成本成为继单车成本外共享单车企业的又一重要开支。

最终小蓝单车爆发押金无法退还、押金入口消失、退款电话无法接通等问题,深陷经营困境。虽然在 2018 年 1 月媒体报道滴滴将完成对小蓝单车的收购,最好骑的单车被滴滴拯救,但小蓝单车一度陷入经营困境,诸多企业应引以为戒。

(资料来源:野兽骑行获 1.5 亿融资,宣布入局共享单车,将发布单车品牌"bluegogo"

[EB/OL].(2016-11-17)[2018-06-16]. http://36kr.com/p/5056780.html;小蓝单车深圳首发,实心内胎链条传动,预计投放 15000 辆[EB/OL].(2016-11-22)[2018-06-16]. http://money.163.com/16/1122/21/C6GOSN5S002580S6.html;小蓝单车入局共享单车 CEO李刚说打赢这场仗需要 20 亿元[EB/OL].(2016-11-25)[2018-06-16]. https://www.jiemian.com/article/979116.html;小蓝单车倒闭 中国共享单车泡沫开始破裂[EB/OL].(2017-11-20)[2018-06-16]. http://tech.ifeng.com/a/20171120/44768465_0.shtml;怎么评价新推出的小蓝单车 bluegogo?[EB/OL].(2017-06-06)[2018-06-16]. https://www.zhihu.com/question/53004290;滴滴收购小蓝车 最好骑的单车被滴滴拯救[EB/OL].(2018-01-03)[2018-06-16]. http://news.zol.com.cn/673/6731715.html)

思考与讨论

1. 共享单车市场竞争的关键是什么?

2. 为什么小蓝单车会一度倒下?(至少写出 3 个原因)

(1) _____

(2) _____

(3) _____

第二步 剖析营销内涵

活动顺序··

1. 以小李的创业项目任务引导学生进行情景模拟,思考音乐培训推广的目的和价值是什么,小李的音乐培训应关注市场营销的哪些核心问题。

2. 分析案例"小白鞋 大战略"中介绍的企业成功营销须解决的核心问题。

知识链接:市场营销核心概念

1. 什么是市场营销?

市场营销活动是一种极为复杂的综合性过程,它贯穿于企业经营管理的全过程,包括市场调查与预测、市场细分、目标市场选择及市场定位、新产品开发、定价、促销、分销等一系列活动。在当今时代,营销已不能再用推销这种旧观念来理解,而必须用满足顾客需要这种新的观念来理解。如果营销人员能够深刻地理解顾客的需要,开发出超价值的产品,并有效地定价、分销和促销,那么卖掉这些产品可以说是易如反掌。

菲利普·科特勒对市场营销的定义是：市场营销就是通过创造和交换产品和价值，从而使个人或群体满足欲望和需要的一种社会管理过程。

2. 市场营销的相关概念

为了更好地理解市场营销的含义，我们首先需要解释下面一些基本概念，它们是：需要、欲望、需求，产品（服务和体验），价值和满意，交换、交易和关系，以及市场。只有准确把握市场营销的这些基本概念，才能深刻认识市场营销的本质。

菲利普·科特勒(Philip Kotler)，被称为"现代营销学之父"。曾担任美国管理科学学会市场营销学会主席、美国市场营销协会理事和项目主席。

（1）需要、欲望、需求

需要和欲望是市场营销活动的起点。满足消费者的需要、欲望和需求是市场营销活动的目的。

营销的基石是人类所具有的需要。所谓需要，是指人们没有得到某些基本满足的感受状态，是人类与生俱来的，既包括物质的、生理的需要，也包括精神的、心理的需要，具有多元化、层次化、个性化、发展化的特性。它存在于人类自身生理和社会之中，市场营销者可用不同方式满足它，但不能凭空创造。

欲望是指想得到上述基本需要的具体满足品的愿望，是个人受不同文化及社会环境影响表现出来的对基本需要的特定追求。如：为满足"解渴"的需要，人们可能选择（追求）喝开水、茶、汽水、果汁、绿豆汤等。欲望源于需要，欲望生成行为动机和行为过程。伴随着社会的进步，社会成员的欲望也在不断增加，生产者正努力提供更丰富的产品和服务来满足人们的欲望。因此，尽管市场营销者无法创造需求，但可以影响欲望，开发和销售特定的产品和服务来满足人们的欲望。

需求是指人们有能力购买并愿意购买某个具体产品的欲望，实际上就是对某特定产品和服务的市场需求。当人们具有购买能力时，欲望便转化为需求。市场营销者总是通过各种营销手段影响人们的需求，并根据对需求的预测结果决定是否进入某一产品（服务）市场。

（2）产品

产品是指能够满足人的需要和欲望的任何东西。产品的价值不在于人们拥有它，而在于它给人们带来的对欲望的满足。如人们购买小汽车不是为了观赏，而是为了得到它所提供的交通服务。产品实际上只是获得服务的载体，可以是物，也可以是"服务"，如人员、地点、活动、组织、观念等。

营销者经常用商品和服务这两种表述来区别有形产品和无形产品。消费者在选择和购买产品时,实际上是在选择和购买最能满足他们需要的一种愿望和利益。许多营销者更注重实物产品,从而忽视了产品所提供的利益,这往往导致错误。如果只研究产品载体,忽视消费者的需要和欲望,不清楚消费者真正的购买愿望和利益,产品的生产和销售便失去了意义,就会因得"市场营销近视症"而失去市场。

(3)价值和满意

顾客通常面对众多可以满足某种特定欲望的产品和服务,他们如何在这些产品和服务中做出选择呢?一般来说,顾客是根据产品和服务对其提供价值的感知做出购买选择的。

所谓价值是指消费者对产品满足其需要的整体能力的评价。顾客价值是顾客通过购买商品所得到的收益和其花费的代价(购买成本和购后成本)的差额。顾客通常根据这种对产品价值的主观评价和需要支付的费用来做出购买决定。如:为解决上班的交通需要,人们会对可能满足这种需要的产品选择组合(如自行车、摩托车、汽车、出租车等)和自身的需要组合(速度、安全、方便、舒适、节约)进行综合评价,以决定能提供最大总满足的产品。

怎样让
顾客满意

顾客满意则是顾客满足情况的反馈,它是顾客对产品或者服务性能,以及产品或者服务本身的评价。通常满意的顾客会重复购买,不满意的顾客会批评这种产品并转向竞争对手。因此,企业应努力提升顾客价值并以此提升顾客的满意程度。

(4)交换、交易和关系

当人们开始通过交换来满足欲望和需求的时候就出现了营销。所谓交换是指从他人处取得所需之物,并以其某种东西作为回报的行为。人们对满足需求或欲望之物的取得,可以通过各种方式,如自产自用、强取豪夺、乞讨和交换等,交换是其中之一。但只有通过市场交换取得产品时,才存在市场营销。

交换是一种过程,在此过程中,如果双方达成一项协议,便称之为发生了交易。所谓交易,是交换的基本组成单位,是交换双方之间的价值交换。在一项交易中,一方把 X 给予另一方,并从另一方得到 Y 作为回报。交易的方式有货币交易和非货币交易。交易发生的基本条件有:交易双方;双方互为满意的有价值的物品;双方满意的交换条件(价格、地点、时间、运输及结算方式等)。

为使企业获得的较之交易营销所得到的更多,就需要关系营销。营销者除了需要创造短期的交易外,还需要与顾客、分销商、零售商及供货商建立长期的关系。与顾客建立长期合作关系便是关系营销的核心内容。关系营销可以节约交易的时间和成本,使市场营销宗旨从追求每一笔交易利润最大化转向追求各方利益的最大化。

（5）市场

市场由一切具有特定欲望和需求并愿意且能够以交换来满足此欲望和需求的现实与潜在顾客组成。我们既可将市场看作买卖双方聚集交易的场所，如百货商场、大型超市、专卖店、地摊市场等，又可将其看作各种要素市场有机结合的市场体系，如商品市场、资本市场、技术市场、劳动力市场、信息市场、房地产市场、旅游市场等。市场是买卖双方利益交换关系的总和。市场营销者常常将市场看成与卖者相对应的各类买者的总和。我们通常说，卖者构成行业，买者才构成市场。

■ 认识市场

第三步 分析营销要素与梳理营销流程

活动顺序

1. 以小李的创业项目任务引导学生进行情景模拟，思考如何完成音乐培训在所在地区的推广，要完成推广任务需要关注哪些要素，工作流程如何。

2. 阅读案例材料，分析案例"小白鞋 大战略"中介绍的企业成功营销的关键因素有哪些，需要经过哪些工作步骤。

3. 通过与成功企业对比，分析并修正音乐培训业务推广应关注的要素及工作流程。

🔍 知识链接：营销管理过程

■ 市场营销
管理过程

1. 分析市场机会

市场机会是指市场上存在的未被满足的消费需求。在当今时代，没有一家公司可以依赖目前的市场和产品而绵延不绝，长盛不衰。所以，任何企业都必须不断地寻找、发现和评估新的市场机会，为自身的生存和发展寻找出路。

（1）发现市场机会。企业可以通过系统化或非正式化的方法来随时注意获取市场情报，寻找新的市场机会，以产生市场开发的新构想。发现市场机会，一是可以在现有市场上挖掘潜力，指导现有的产品进一步渗透到现有的目标市场上去，扩大销售量；二是可以在现有的产品无潜力可挖的情况下，以现有的产品开发新的市场；三是在市场开发无潜力可挖时，考虑进行新产品开发；四是当产品开发也已潜力不大时，可根据自身资源条件考虑多角化经营，在多种经营中寻求新的市场机会。

（2）评估市场机会

在发现市场机会后，进行市场机会的鉴别是营销成功的重要前提。市场机会要变

成企业的机会,就必须与企业的目标相一致,同时企业还必须具有利用该市场机会的能力。如果市场机会与企业目标不一致,或企业暂时无能力开发,则该市场机会就是不适宜的。因此,评估好与企业目标相匹配的市场机会,是正确制定企业经营战略的一个关键环节。

2. 选择目标市场

在发现和评估市场机会的过程中,往往会产生出许多新的市场开发构想。企业要做的是从若干好的构想中遴选出最符合企业目标与开发能力的一项,将其作为开发任务。这需要经常重复以下四个步骤。

(1) 市场需要衡量与预测。即对市场开发的现状与未来的前景做严密的估计。每个企业都希望进入前景良好的市场。由于影响未来市场的因素很多,所以这种预测相当困难。这对企业是很大的挑战,但必须做好。

(2) 市场细分。如果企业管理人员对市场开发的预测很一致,企业还必须进行市场细分的工作。经营者要通过"地理变数""人口变数""心理变数""行为变数"来细分市场。

(3) 选择目标市场。细分后的市场各有不同的需求,企业要选择其中的一个或几个市场进行经营。

(4) 市场定位。企业一旦选定目标市场,就要研究如何在目标市场中进行产品的市场定位,即勾画产品形象,为自己的产品确定一个合适的市场位置。

3. 拟定市场营销组合

企业制订出产品开发定位的计划后,便可开始策划市场营销组合的细节。市场营销组合是企业针对确定的目标市场,综合运用各种可能的营销手段,组合成一个系统化的整体策略,以便达到企业的经营目标。市场营销的手段有几十种之多,麦卡锡把这些手段概括为 4 类,简称 4Ps,即产品(product)、价格(price)、分销(place,也译为渠道或地点)和促销(promotion),如图 1-1 所示。

(1) 产品。产品代表企业提供给目标市场的货物或服务的组合,包括产品的品牌、包装、品质、服务以及产品组合等内容。

(2) 价格。价格代表消费者为获得该产品所付出的金钱,包括制定零售价、批发价、折扣和信用条件等。

(3) 分销。分销代表企业为使产品送达目标顾客手中所采取的各种活动,包括发挥批发商和零售商的作用等。

(4) 促销。促销代表企业为宣传其产品优点及说服目标顾客购买所采取的各种活动,包括广告、人员推销、营业推广及公共关系等。

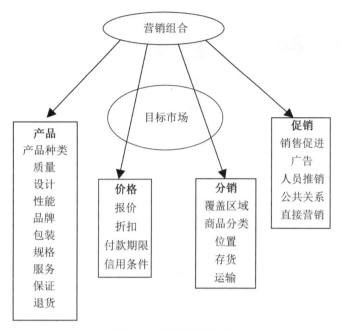

图 1-1　市场营销组合

4. 组织、执行和控制市场营销

为了贯彻落实营销工作,必须设立一个营销组织,由营销主管负责组织实施。营销主管的任务:一是协调所有营销人员的工作;二是与财务、生产、研究与开发、采购和人事主管密切配合,同舟共济;三是善于督导、激励、考核、培训下属,检查任务执行情况。

在市场营销计划落实中,常常会发生许多意想不到的情况,企业需要以控制行动来保证市场营销目标的实现。市场营销控制有以下三种类型。

(1)年度计划控制。其任务是确保企业能完成年度计划所规定的销售额、利润和其他目标。为此,第一,必须在营销年度计划中设定每月、每季度的明确目标;第二,必须采用能衡量市场实际成效和进度的方法;第三,必须找出执行计划中存在严重偏差的原因;第四,必须及时解决问题,消除目标与成效间的差距。过程中可能需要改进计划执行的方式,甚至改变原定的目标。

(2)利润控制。企业必须定期分析不同产品、顾客群、批零渠道上的实际获利情况。尽管企业的会计系统很少能真正及时反映出营销活动的盈利情况,但营销主管还是要想尽办法完成或超额完成利润目标。

(3)策略控制。由于市场营销的内外环境是不断变化的,因此企业的目标、计划和策略有过时的可能性,很多企业都因没有注意瞬息万变的市场变化而陷入困境。因此,企业须定期检查市场营销环境和策略、系统运行、组织功能等情况,以加强实施控制。通常,企业通过营销四大系统——营销情报、营销策划、营销组织和营销控制系统彼此

关联、密切配合的工作,来实行计划执行过程中的及时控制。

知识拓展：市场 5W1H1C 研究法

市场需求的分析和研究所涉及的内容千头万绪,从哪里入手进行分析? 市场营销人员所需要把握的核心要素是什么? 对此,可归纳出以下七个主要问题,这一归纳法又称 5W1H1C 研究法。

(1) 购买者(occupants)：谁来购买,哪些人构成了市场(who);

(2) 购买对象(objects)：购买什么,他们选择何种同类商品(what);

(3) 购买目的(objectives)：他们为何购买(why);

(4) 购买价格(price)：他们愿意付出多少成本(cost);

(5) 购买方式(operation)：他们怎样购买(how);

(6) 购买时机(occasion)：他们何时购买(when);

(7) 购买地点(outlets)：他们在何地购买(where)。

练一练

寻找一家企业,试着填写该企业营销活动的相关要素(表 1-1)及流程(表 1-2)。

表 1-1　市场营销要素分析

5W1H1C(分项)	内容陈述	备注
哪些人构成了市场(who)		
他们选择何种同类商品(what)		
他们为何购买(why)		
他们愿意付出多少成本(cost)		
他们怎样购买(how)		
他们何时购买(when)		
他们在何地购买(where)		

表 1-2　市场营销流程

步骤	内容陈述	备注
1. 分析市场机会 (1) 发现市场机会 (2) 评估市场机会		

续　表

步骤	内容陈述	备注
2.选择目标市场 (1)市场需要衡量与预测 (2)市场细分 (3)选择目标市场 (4)市场定位		
3.拟定市场营销组合 (1)产品 (2)价格 (3)分销 (4)促销		
4.组织、执行和控制市场营销 (1)年度计划控制 (2)利润控制 (3)策略控制		

第四步　区别营销与推销

活动顺序……………………………………………………………………………

1.收集日常生活中的企业营销案例。

2.判断案例中的行为哪些属于推销行为,哪些属于营销行为。

3.分析推销与营销的区别。

💬 案例

一个乡下来的年轻人去城里应聘“应有尽有”百货公司的销售员。

老板问他:“你以前做过销售员吗?”

年轻人回答:“我以前是村里挨家挨户推销的小贩。”

老板喜欢他的机灵,就说:“你明天可以来上班了。等下班的时候,我会来看一下。”

一天的时间对于这个乡下来的年轻人来说太长了。但是,这个年轻人还是熬到了 5 点,差不多该下班了。

老板真的来了,问他:“你今天做了几单买卖?”

"一单。"年轻人回答道。

"只有一单?"老板吃惊地说,"我们这里的销售员一天基本上都可以完成 20 到 30 单生意。你卖了多少钱?"

"300000 美元。"年轻人回答道。

"你怎么卖了这么多钱?"老板目瞪口呆,半晌才回过神来。

"是这样的,"年轻人回答,"一个男士进来买东西,我先卖给他一个小号的鱼钩,然后是中号的鱼钩,最后是大号的鱼钩。接着,我卖给他小号的渔线,然后是中号的渔线,最后是大号的渔线。我问他上哪儿钓鱼,他说海边。我建议他买条船,所以我带他到卖船的专柜,卖给他长 20 英尺①、有两个发动机的纵帆船。然后他说他的大众牌汽车可能拖不动这么大的船。我于是带他去汽车销售区,卖给他一辆丰田新款豪华型的'巡洋舰'。"

老板后退两步,难以置信地问道:"一个顾客仅仅来买个鱼钩,你就能卖给他这么多东西?"

"不是的,"年轻人回答道,"他是来给他妻子买卫生棉的。我就告诉他'你的周末算是毁了,干吗不去钓鱼呢'。"

? 思考与讨论

上述案例带给你的启示是什么?通过上述案例你对推销的理解是什么?

1. _____

2. _____

🔍 知识链接：什么是推销?

推销就是指商品的所有者为了实现商品价值,主动、积极地采用各种办法,刺激、诱惑、吸引消费者购买其商品的一系列活动。推销是商品销售的基本环节和重要组成部分,是蕴含着丰富内容的现代化经济活动。

推销有三个要素:两个主体、一个客体。其中,两个主体分别指推销人员和推销对象,而一个客体是指推销品(见图 1-2)。

图 1-2 推销的三要素

---

① 1 英尺＝0.3048 米。

（1）推销人员是指主动向推销对象推销商品的推销主体，包括各类推销员。推销人员是推销活动的核心和主体，肩负为企业推销产品和为顾客提供服务的双重使命，因此在推销的三要素中，推销人员是最关键的。

（2）推销对象是指接受推销产品的主体，是企业营销活动的推销目标和说服的对象，包括老顾客、准顾客和购买决策者等。依据购买者所购推销品的性质及使用目的的不同，可以把推销对象分为个体购买者与组织购买者。个体购买者购买或者接受某种推销品是为了个人或家庭成员使用，而组织购买者购买或接受某种推销品，是为了维持日常生产加工、转售等，通常有赢利或维持正常业务活动的动机。

（3）推销品是指推销人员向推销对象推销的各种有形和无形商品的总称，包括商品、服务和观念。推销过程中商品、服务和观念的推销是统一的、不可分割的。推销品唤起了人们想象中、感觉中需要的东西，激起了人们的购买欲望。所以，推销品是推销的核心。

知识链接：推销与营销的关系

有人说营销就是推销。的确，营销离不开推销，但是仅仅依靠广告，树立不起一流的品牌，同样，仅仅依靠推销也实现不了营销的目标。那么，推销和营销究竟是什么样的一种关系呢？我们可从以下三个方面来进行理解。

营销与推销的区别

首先，推销是营销的职能之一，但又往往不是其最重要的职能。推销仅仅是营销过程中的一个步骤或者一项活动，在整个营销活动中并不是最主要的部分。当企业面临的销售压力很大时，很多人都会把推销放在非常重要的地位。但是，如果事先做过周密的市场调研，进行过科学的市场细分，有针对性地选择目标市场，按照顾客的要求组织产品设计，按照顾客能够接受的价格水平来确定价格，按照顾客购买最便利的要求构筑分销网络，就可能会形成顾客盈门的现象。

如果前期的工作不完善，产品生产出来后销售的压力自然会很大，必然会觉得销售最重要，这样一来就很容易陷入误区。

误区一：生产出来的产品根本就是顾客不愿意接受的商品，这时候就要加大马力去推销或者促销。在这种情况下，不管怎么推销或者促销，市场的营销活动都不会达到最佳的效果。

误区二：实际的销售状况可能已经接近市场的饱和点，却还在开足马力进行推销。在这种情况下，投入和产出不可能处在最佳的结合点上，会使企业因为盲目而失去最佳的时机。

其次，推销只不过是营销的冰山一角。推销的目的就是尽可能多地实现商品的

销售,营销的目的当然也是如此,因此,两者的出发点是一样的。如果把营销比作一座冰山,那么,推销就是这座冰山的顶端。营销这座冰山的最高点是要尽可能多地实现产品的销售,但是,这座冰山容易融化,如果做不好,顶端就没那么高,推销的目标就实现不了。因此,必须踏踏实实地做好营销的每一项工作,这样才能实现推销的目标。

第三,营销的目标就是使推销成为多余。著名的管理学大师德鲁克曾说过:"市场营销的目标是使推销成为多余。"也就是说,如果能够重视营销工作,科学地做好营销管理工作,就可以使推销压力变得越来越小。不过,它不可能变为零,因为营销过程的第一步是营销调研,通过市场营销调研搞清楚该做什么,而市场营销实际上是以当前环境为基础对未来市场环境的一种推测,在对未来环境推测的基础上设定营销目标,构筑营销方案,营销方案的实施是在未来的环境下进行的,预测不可能百分之百正确。因此,处于营销过程末端的推销不可能完全没有压力。

能力拓展

某文化创意公司拟在高教园区推广业务,为完成该项推广业务,请你设计工作流程。

任务二：确立现代营销理念

工作步骤

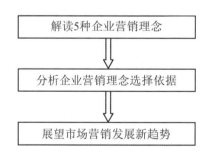

第一步 解读 5 种企业营销理念

活动顺序

1. 学习案例,了解案例中的企业营销实践体现了什么样的营销理念。

2. 分析案例中企业成功的原因。

3. 总结每一种营销理念的核心和特点。

4. 思考小李的企业应选择什么样的营销理念。

••• 案例

阿里巴巴与"双11"

11月11日被人们戏称为"光棍节"。近年来,这个既非中国传统佳节,也非西方节日的"双11"节,却成就了国内电子商务领域的一场盛宴。也难怪阿里巴巴董事局主席马云将它比作未来的中国版"感恩节"。

2017年11月11日0时,"2017天猫双11购物狂欢节"启动。阿里巴巴首席执行官(CEO)张勇宣布狂欢节启动后仅仅28秒钟,大屏上的成交额便从10亿元这个节点呼啸而过,快得让在场近千位经验丰富的媒体人来不及拿出手机记录下那一刻。之后发生的事,更是只能用"震撼"来形容。数字飞一般滚动,一次又一次"碾压式"地刷新纪录。狂欢节启动3分1秒,交易额突破100亿元,狂欢节启动1小时,成交额破571亿元,狂欢节启动13小时,打破2016年全天交易额纪录。最终,"双11"当天阿里巴巴旗下各平台总交易额达到1682亿元。

"2017天猫双11购物狂欢节"刚刚启动12分钟,当天第一个订单就完成了签收。上海市嘉定区的刘先生11日0点在天猫超市购买了零售商品,订单通过菜鸟智慧仓配系统由机器人和流水线根据算法自动完成拣选和包装。4分钟内商品就被贴上菜鸟电子面单从仓库发出,12分18秒签收成功。

当日,全球消费者通过支付宝完成的支付总笔数达到14.8亿笔,全天物流订单达到8.12亿单,全球225个国家和地区的"剁手族"加入购物狂欢节。

阿里巴巴CEO张勇在谈到"双11"的未来时说:"顺势而为,顺应消费者,顺应市场发展,为商业创造价值,'双11'才有价值。'双11'寄托的是我们对美好生活的向往。"

(资料来源:阿里CEO张勇宣布2017天猫双11启动 话音未落成交已超百亿[EB/OL].(2017-11-11)[2018-06-16]. http://tech.sina.com.cn/roll/2017-11-11/doc-ifynrsrf3766048.shtml;定了！3分钟破百亿,1682亿刷新纪录！这就是天猫双11的中国力量[EB/OL].(2017-11-12)[2018-06-16]. https://www.sohu.com/a/203795477_163726;天猫双11启动12分钟18秒 上海嘉定市民收到第一单快递[EB/OL].(2017-11-11)[2018-06-16]. http://news.163.com/17/1111/01/D2U2HKEH000187VG.html)

？思考与讨论

1. "2017 天猫双 11 购物狂欢节"为什么能取得成功,主要原因有哪些?

(1) _____

(2) _____

2. 阿里巴巴 CEO 张勇所说的"顺势而为,顺应消费者,顺应市场发展,为商业创造价值,'双 11'才有价值。'双 11'寄托的是我们对美好生活的向往"反映了阿里巴巴怎样的营销理念?

知识链接:企业营销理念的含义与类型

1. 营销理念的含义

营销理念,又称为经营观、经营哲学或销售观点。它指的是企业打算通过哪些营销活动获取利润,如何处理企业与顾客、企业与社会之间的关系。比如,是提供优质产品和优质服务在充分满足顾客和社会需要的基础上获取利润,还是提供伪劣产品在危害顾客和社会的情况下获取利润。企业营销理念正确与否决定着营销的成败。

2. 营销理念的类型

企业的市场营销活动可以在不同的指导思想下进行,就是说,存在着不同的营销理念。企业在进行营销活动时可能采用的营销理念或指导思想可以分为五种,即生产观念、产品观念、销售观念、现代营销观念和社会营销观念。

■生产观念

(1) 生产观念。生产观念是指企业把提高效率和产量、降低成本和价格作为一切活动的中心,以此扩大销售、取得利润的一种经营指导思想。其基本点是:顾客会接受任何他能买到并且买得起的产品,因此,管理的主要任务就是提高生产和分销的效率,具体有两种情形:第一种是由于生产相对落后,市场上商品不丰富,许多商品供不应求,企业只要提高产量,就可获得巨额利润,而不必关心产品的其他方面。第二种是由于生产成本太高,提高生产效率可降低成本,从而降低价格,扩大销路。生产观念具体表现为"我们能生产什么,就卖什么",即"以产定销"。西方资本主义国家在工业化初期、第二次世界大战后的一段时期内,由于物资短缺,需求旺盛,许多产品供不应求,因而生产观念在企业界颇为流行。在我国,生产观念至今仍然是许多企业奉行的营销理念,根本原因也在于它们生产的是长期供不应求的产品。

■产品观念

(2) 产品观念。产品观念是指企业不是通过需求分析开发相应的产品,而是把提高质量、降低成本作为一切活动的中心,以此扩大销售、取得利润的一种经营指导思想。其特点是以生产为中心,注重企业自身条件而不注重市场需求,认为企业的主要任务就是提高产品的质量,注重产品生产而不注重产品销售,认为消费者喜欢高质量、多功能和有特色的产品,只有产品好,不愁卖不了。产品观念是生产观念的后期表现。与生产观念不同的是,产品观念不仅注重了产品数量还注重了产品质量。但产品观念容易导致营销近视症。如铁路行业以为顾客需要火车而非交通服务,忽略了航空、公共汽车、卡车以及其他运输方式的日益激烈的竞争;大学管理当局曾认为高中毕业生需要的是通才教育,从而忽视了日益严峻的职业教育的挑战。

(3)销售观念(推销观念)。随着生产力水平的提高,科学技术和先进设备的广泛应用,有效供给大大增加,市场竞争激烈,市场销售矛盾十分尖锐,企业经营的重点不再是如何生产,而是如何将生产出来的产品销售出去,于是,生产观念便被销售观念取而代之。所谓销售观念,是指企业继续生产已不受市场欢迎的产品,在此基础上强行推销,把强迫和引诱顾客购买作为一切活动的中心,以此扩大销售、取得利润的一种经营指导思想。销售观念的基本认识是:产品是被卖出去的,而不是被买出去的。如果企业不组织大规模的促销和推销,顾客就不会购买足够多的产品。

■ 销售观念

(4)现代营销观念。现代营销观念是指企业以消费者需求为中心,把满足顾客需要作为一切活动的中心,通过顾客的广泛购买和重复购买来扩大销售、取得利润的一种经营指导思想。20世纪50年代至60年代,市场商品持续供过于求,市场竞争越来越激烈,买主素质提高,要求苛刻,购买力充足并有了更广阔的选择余地,迫使企业认识到企业存亡兴衰的命运最终掌握在消费者手中,"顾客即上帝""顾客永远是正确的""顾客是衣食父母""顾客是企业的真正主人"等口号,成为现代企业家的座右铭。具体表现为"顾客需要什么,我们就生产什么"。这种新观念给企业带来了蓬勃的朝气和活力,使得企业日趋繁荣发展,在社会上的地位日益提高。现代营销观念首先分析顾客需要,确定目标市场,然后通过产品设计开发、生产过程、促销和售后服务等整体营销活动满足目标市场需要。现代营销观念是新旧营销理念的分水岭。它的出现,在市场营销学研究中被视为企业经营思想的大变革,被称作"营销革命"。

■ 营销观念

(5)社会营销观念。从20世纪70年代起,随着全球环境破坏、资源短缺、人口爆炸、通货膨胀和忽视社会服务等问题日益严重,要求企业顾及消费者整体与长远利益即社会利益的呼声越来越高。为了维护消费者的利益,许多国家成立了消费者保护协会,消费者主义兴起。在这种背景下,有人提出了社会营销观念,即企业以兼顾顾客眼前利益和长远利益、顾客个

■ 社会营销观念

人利益和社会整体利益为中心而开展一切活动,在取得顾客信任和社会好评的基础上扩大销售、增加利润的一种经营指导思想。社会营销观念与现代营销观念相比增加了两个因素:一是不仅要考虑到消费者已存在的欲望,同时要兼顾他们潜在的需要和利益。二是既要考虑到消费者个人和社会的目前利益,也要考虑到长远利益。

3. 新旧营销理念的区别

上述营销理念的演变,大体反映了不同时期企业生产经营思想的转变情况。概括起来,营销理念的演变分为三个阶段:第一、二种为第一阶段;第三种为第二阶段;第四、五种为第三阶段。新旧理念可分为两大类,即旧的和新的两种营销理念。前两个阶段为旧理念阶段,第三个阶段为新理念阶段。新旧两种不同的营销理念下的营销活动在营销出发点、采用的手段和营销目标方面有很大差别。

（1）企业营销活动的出发点不同。旧理念下企业以产品为出发点,新理念下企业以消费者需求为出发点。

（2）企业营销活动的手段不同。旧理念下的企业主要用各种推销方式推销制成的产品,新的理念下企业则是从消费者需求出发,利用整体市场营销组合策略,占领目标市场。

（3）营销活动的着眼点不同。旧理念下企业的目光短浅,偏向于计较每一项或短期交易的盈亏和利润的大小,而新理念下企业除了考虑现实的消费者需要外,还考虑潜在的消费者需要,在满足消费者需要、符合社会长远利益的同时,取得企业的长期利润（见表1-3）。

表1-3　新旧营销理念的对比

营销理念	营销出发点	营销目的	基本营销策略	侧重的方法
生产观念（包括产品观念）	产品	通过大批生产产品或改善产品即刻获利	以增加产量、提高质量、降低价格竞争	坐店等客
销售观念（推销观念）	产品	通过大量推销产品获利	以多种推销方式竞争	派员销售、广告宣传
现代营销观念	消费者需求	通过满足需求实现长期获利	以发现和满足需求竞争	实施整体营销方案
社会营销观念	消费者需求	通过满足需求实现长期获利	以获取消费者信任、兼顾社会利益等竞争	与消费者及有关方面建立良好的关系

第二步　分析企业营销理念选择依据

活动顺序··

1. 在现实生活中找到按照上述 5 种营销理念经营的企业案例。

2. 分析上述企业选择生产观念、产品观念、销售观念、现代营销观念、社会营销观念的原因。

案例

Extreme Network 首席营销官瓦拉·阿福沙尔(Vala Afshaar)在其社交软件上晒出一张题为"Mobile phone evolution"的信息图。该图简明地勾勒了手机外形发展史。其中最容易感知的变化,除了手机的尺寸,就是液晶屏幕的形态:由小变大,由单色变成彩色;由考虑体积和耗电而做小,到排除万难尽量做大;由用于信息展示的辅助配件,变成生活的中心。

人们手持信号不佳的"大哥大",无比骄傲地当街高喊——这是移动通信初级阶段的常态。在这个时期,屏幕几乎可有可无。

用手机最常用的"屏占比"概念来解释这种发展更贴切:手机的屏占比越来越高,这与手机在生活中占比的提高是同步的。乔布斯这等业界权威都没有预料到未来手机容纳的生活广度。"3.5 英寸是手机的黄金尺寸,更大的屏幕愚蠢之极。"直到去世前,乔布斯都认为在这种尺寸下的视网膜屏已经够用,无须更大。他留下最后一代小屏经典——4 英寸的 iPhone 5 后逝世。一年后,苹果公司的 iPhone 6 面世,屏幕宽达 5.5 英寸。

短短二十年,手机连接了几乎一切生活场景。功能机时代的手机屏幕像纸质书,而智能机时代的屏幕已经借着互联网东风和软硬件的高速进化,成了全媒体——它无处不在,它无所不能,它填充生活又扩充生活,它趋近于当下我们认知的极致,又被创造者们推往新的认知边缘。

(资料来源:詹腾宇.手机颜面进化史[J].新周刊,2017(503):102-104)

❓ 思考与讨论

1. 手机"颜面"进化史反映了手机设计生产企业怎样的营销理念?

2. 从案例中你感悟到了什么?

第三步　展望市场营销发展新趋势

活动顺序···

1. 解析企业为什么会在不同的条件下选择不同的营销理念,你得到的重要启示是什么?

2. 在了解全球市场营销发展新趋势的前提下,为那些在营销理念上存在问题的企业把脉,提出更新理念的方法建议。

🔍 知识拓展:市场营销发展新趋势

1. 网络营销

网络营销(network marketing)是近年来互联网产业发展到一定阶段的产物,它的出现得益于互联网技术的进步。很多企业抓住了这个契机,纷纷开展了网络营销活动。商户在网络上开设自己的主页,在主页上开设"虚拟商店",陈列其商品。顾客通过个人电脑或移动客户端的网络可以进入虚拟商店,挑选商品、下订单、支付都可以在网上完成,商户接到订单后就送货上门。同样,通过网络,顾客可以将自己的意见反馈到生产者的生产过程中,这样生产者可以根据消费者的需求和品位进行生产,这一方面提高了生产者和消费者之间的协调与合作水平,另一方面又降低了企业产品生产的"互动成本"。比如通用汽车公司别克汽车制造厂,让客户设计所喜欢的车型,还可以让客户选择车身、车轴、发动机、轮胎、颜色及车内结构。客户通过网络可以看到自己选择的部件组装出来的汽车的样子,并可继续更换部件,直到满意为止。这种营销方式在现代市场条件下运用得越来越普遍。

2. 新媒体营销

新媒体营销(new media marketing)是指借助于网络杂志、博客、社会性网络服务(SNS)、简易信息聚合(RSS)阅读器、维客(WIKI)、微博、微信等新兴的媒体,进行受众广泛且深入的信息发布,让他们卷入具体的营销活动。比如,商业公司利用博客所完成的话题讨论,请博客作者们就某一个话题展开讨论,从而扩大其想要推广的主题或品牌的影响范围。

新媒体营销是基于特定产品的概念诉求与问题分析,对消费者进行针对性心理引导的一种营销模式,从本质上来说,它是企业软性渗透的商业策略在新媒体形式上的实现,通常借助媒体表达与舆论传播使消费者认同某种概念、观点和分析思路,从而达到企业品牌宣传、产品销售的目的。

新媒体营销的渠道主要包括:门户网站、搜索引擎、微博、SNS、博客、播客、论坛

(BBS)、RSS、WIKI、应用程序等。并且随着媒体技术的不断创新,新媒体营销的渠道也在不断创新。新媒体营销往往不是单一地通过一种渠道进行营销,而是多种渠道整合营销,甚至与传统媒介营销相结合,形成全方位立体式营销。如2011年1月21日,腾讯推出即时通信应用软件微信,支持发送语音短信、视频、图片和文字,可以群聊。2017年,微信用户已超过9亿人,遍布100多个国家。不少大品牌也在尝试利用微信推广其产品和品牌,如招商银行利用"爱心漂流瓶"用户互动活动达到口碑营销效果。

3. O2O营销

O2O的概念最早来源于美国,即在线到离线或线上到线下(online to offline),是指线上营销、线上购买带动线下经营和线下消费,将线下的商务机会与互联网结合,让互联网成为线下交易的平台。随着互联网的快速发展,电子商务模式除了原有的B2B(企业对企业)、B2C(企业对个人)、C2C(个人对个人)商业模式之外,O2O作为一种新型的营销模式已快速在市场上发展起来。O2O通过打折、提供信息、服务预订等方式,把线下商店的消息推送给互联网用户,从而将他们转换为线下客户,这就特别适合必须到店消费的商品和服务,比如餐饮、健身、电影和演出、美容美发、摄影等。目前国内采用O2O模式经营的网站已经有很多,团购网就是其中一类,如百度的糯米网、阿里的聚划算等;另外还有一种为消费者提供信息和服务的网站,如房地产网。而对于一些电子商务非常发达,但在线消费交易比例远低于线下消费比例的国家来说,把线上的消费者吸引到线下实体店进行消费,O2O营销将有很大的发展空间。

4. 大数据营销

大数据营销(big data marketing)是指通过互联网采集大量的行为数据,首先帮助广告主找出目标受众,以此对广告投放的内容、时间、形式等进行预判与调配,并最终完成广告投放的营销过程。大数据营销的核心在于让网络广告在合适的时间,通过合适的载体,以合适的方式,投给合适的人。

随着数字生活空间的普及,全球的信息总量正呈爆炸式增长。基于这个趋势的大数据、云计算等新概念和新范式广泛兴起。大数据营销衍生于互联网行业,又作用于互联网行业。多平台的大数据采集,以及大数据技术的分析与预测能力,能够使广告更加精准有效,给品牌企业带来更高的投资回报率。

大数据营销的特点有:① 多平台化数据采集。大数据的数据来源包含互联网、广电网、智能电视,未来还有户外智能屏等。② 强调时效性。网络时代的消费行为和购买方式极易在短时间内发生变化,大数据营销可以在网民需求点最高时及时进行营销。③ 个性化营销。大数据技术可以做到不同用户关注同一媒体的相同界面时,广告内容有所不同,实现个性化营销。④ 性价比高。大数据营销在最大程度上让广告主的投放有的放矢,广告主可根据实时性的效果反馈,及时对投放策略进行调整。⑤ 关联性。大数据营销可以使网民关注的广告与广告之间呈现关联性。

5. 绿色营销

绿色营销(green marketing)是指企业在整个营销过程中充分体现环保意识和社会意识,向消费者提供科学、无污染、有利于节约资源和符合良好社会道德准则的商品和服务,并采用无污染或少污染的生产和销售方式,引导并满足消费者保护环境及保持身心健康的需求。其主要目标是通过营销实现生态环境和社会环境的保护及改善,保护和节约自然资源,实行养护式经营,确保消费者使用产品的安全、卫生、方便,以提高人们的生活质量,优化人类的生存空间。

绿色营销的核心是按照环保与生态原则来选择和确定营销组合策略,是建立在绿色技术、绿色市场和绿色经济基础上的、对人类的生态关注给予回应的一种经营方式。绿色营销不是一种诱导顾客消费的手段,而是一个导向持续发展、永续经营的过程,其最终目的是在化解环境危机的过程中获得商业机会,在实现企业获取利润和消费者满意的同时,达成人与自然的和谐相处,共存共荣。实施绿色营销战略,需要贯彻 5R 管理原则:研究(research)——重视研究企业对环境污染的对策;减少(reduce)——减少或消除有害废弃物的排放;循环(recycle)——对废旧物进行回收处理和再利用;再开发(rediscover)——变普通产品为绿色产品;保护(reserve)——积极参与社区的环保活动,树立环保意识。实施绿色营销是国际营销战略的大趋势。

6. 个性化营销

个性化营销(personalization marketing)即企业把对人的关注、人的个性释放及人的个性需求的满足推到空前的中心地位。企业与市场逐步建立一种新型关系,建立消费者个人数据库和信息档案,与消费者建立更为个人化的联系,及时了解市场动向和消费者需求,向消费者提供一种个性化的产品和服务。消费者根据自己的需求提出商品性能要求,企业尽可能按消费者要求进行生产,迎合消费者个别需求和品味,并应用信息,采用灵活战略适时地加以调整,以生产者与消费者之间的协调合作来提高竞争力,以多品种、中小批量混合生产取代过去的大批量生产。这有利于减少中间环节,降低销售成本。不仅如此,由于社会生产计划性增强,资源配置接近最优,商业出现"零库存"管理,企业的库存成本也降低了。

7. 品牌营销

品牌营销(brand marketing)是指企业通过市场营销使客户形成对企业品牌和产品的认知的过程。企业要想不断获得和保持竞争优势,就必须利用品牌符号,把企业的形象、知名度、良好的信誉等展示给消费者,使消费者形成对企业的产品或者服务的认知。因此,简言之,品牌营销就是把企业的特定形象通过某种手段深刻在消费者的心中。

品牌营销的前提是产品质量上有保证,这样才能得到消费者的认可。品牌建立在新颖包装、独特设计、富有吸引力的名称等有形产品以及无形服务的基础上。从长期竞争来看,开展品牌营销是企业长期发展的必要途径。

品牌营销的策略包括四个:品牌个性(brand personality)、品牌传播(brand communication)、品牌销售(brand sales)、品牌管理(brand management)。

(1)品牌个性,简称BP,包括品牌命名、包装设计、产品价格、品牌概念、品牌代言人、形象风格、品牌适用对象等。

(2)品牌传播,简称BC,包括广告风格、传播对象、媒体策略、广告活动、公关活动、口碑形象、终端展示等。

(3)品牌销售,简称BS,包括通路策略、人员推销、店员促销、广告促销、事件行销、优惠酬宾等。

(4)品牌管理,简称BM,包括队伍建设、营销制度、品牌维护、终端建设、士气激励、渠道管理、经销商管理等。

8. 文化营销

文化营销(cultural marketing)是指企业营销人员及相关人员在企业核心价值观念的影响下所形成的营销理念以及所塑造出的营销形象,并将其运用到具体市场运作过程中的一种营销模式。文化营销把商品作为文化的载体,通过市场交换进入消费者的意识,它在一定程度上反映了消费者对物质和精神追求的各种文化要素。文化营销既包括浅层次的构思、设计、造型、装潢、包装、商标、广告、款式,又包括对营销活动的价值评判、审美评价和道德评价。

企业实行文化营销是基于这样的理念:在产品的深处蕴含着一种隐性的东西——文化。企业向消费者推销的不仅仅是单一的产品,产品在满足消费者物质需求的同时还满足消费者精神上的需求,给消费者以文化上的享受,满足他们高品位的消费需求。可口可乐只是一种特制饮料,和其他碳酸饮料也没有太大的差别,但它之所以能够成为全球知名品牌,并延续了一百多年历史,是因为它与美国的文化有紧密的联系,可口可乐的每一次营销活动无不体现着美国文化,这使其品牌成为美国文化的象征。

9. 关系营销

关系营销(relationship marketing)就是企业与关键的利益相关者建立起彼此满意的长期关系,以便赢得和维持商业业务。关系营销中的关键利益相关者有:消费者、员

工、营销合作伙伴(供应商、分销商)、竞争者、政府及其他社会公众等。营销者应尊重利益相关者的需求,使各个利益相关者可以各取所需,并制定出可以平衡关键利益相关者利益的政策和战略。要与这些利益相关者形成密切的关系,就必须了解他们的能力、资源、需要、目标和欲望。

关系营销的本质特征体现在:① 双向沟通。只有广泛的信息交流和信息共享,才可能使企业赢得各个利益相关者的支持与合作。② 合作。只有通过合作才能实现协同,合作是"双赢"的基础。③ 双赢。关系营销旨在通过合作增加各相关方的利益,而不是通过损害其中一方或多方的利益来增加其他各方的利益。④ 亲密。关系营销不只是要实现物质利益的互惠,还必须让参与各方能从关系中获得情感需求的满足,因为关系能否持续和发展,情感因素也起着重要作用。⑤ 控制。关系营销要求建立专门的部门,用以跟踪了解顾客、分销商、供应商及营销系统中其他参与者的态度,由此了解关系的动态变化,及时采取措施消除关系中的不稳定因素和不利于关系中各方利益共同增长的因素。

关系营销十分注重提高顾客忠诚度,认为吸引一位新顾客的成本可能是挽留一位老顾客的五倍。因此,企业通过向现有顾客提供种类繁多的产品,以进一步吸引顾客。此外,为了实现这一目标,企业应对其员工进行培训,以便进一步提升其销售能力。

10. 福利营销

福利营销(welfare marketing)是指企业出售产品或服务,将收入所得全部或部分捐献给慈善机构,以改善企业形象、提高产品知名度的一种营销方式。福利营销的最终目的是提高整个社会的福利水平,同时使企业长期利润最大化。福利营销使受到资助的慈善事业得到更多人的关注,并可能因此受到更多的资助。成功地开展福利营销,可以达到企业与社会共同进步的双赢效果。如娃哈哈集团携手中国扶贫基金会开展"筑巢行动",为了让贫困地区的孩子们尽快住上温暖的校舍,娃哈哈承诺每卖一瓶营养快线,就捐 1 分钱。为此,营养快线的外包装上多了一个写着"一瓶一分,一砖一瓦,为贫寒学子筑起温暖的宿舍"的标识。

如今,这种为社会谋福利的消费理念也成为消费者的共识。广受用户推崇的蚂蚁森林就是支付宝为"碳账户"设计的一款公益行动:用户如果有步行、地铁出行、在线缴纳水电煤气费、网上缴交通罚单、网络挂号、网络购票等行为,就会减少相应的碳排放量,获得相应的能量,以用来在支付宝里养一棵虚拟的树。这棵树长大后,公益组织、环保企业等蚂蚁森林生态伙伴们,可以"买走"用户的"树",而在现实中的某个地方种下一棵实体的树。这样做既满足了支付宝用户保护环境的需求,也树立了企业在社会中的良好形象。

　　福利营销近年在美国企业界也比较流行。如联邦快递公司在修复自由女神像时许诺,修复期间,顾客每使用一次它的记账消费卡,它就捐献 1 分钱给修复工程。最后,联邦快递公司捐出了 170 万美元用于自由女神像的修复工程,同时它的记账卡使用率上升了 28%。

能力拓展

　　收集反映企业营销理念的案例,并撰写案例分析报告。

任务三: 创设营销组织

工作步骤

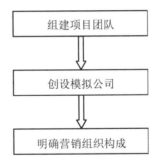

第一步　**组建项目团队**

活动顺序··

　　1. 6~8 人为一组,组建项目团队。

　　2. 确定团队负责人。

　　3. 进行团队内部的分工。

　　4. 收集资料,比较选择。

　　5. 初步确定准备涉足的行业。

　　6. 填写项目团队分工表(表 1-4)。

表 1-4 项目团队分工表

团队名称	
负责人	
成员 1	
成员 2	
成员 3	
成员 4	
成员 5	
成员 6	
成员 7	
成员 8	
拟涉足行业	

第二步 创设模拟公司

活动顺序··

1. 项目团队确定背景行业。
2. 组建模拟公司作为背景企业。
3. 起草模拟公司章程。
4. 确定模拟公司注册资本及经营范围。
5. 填写模拟公司基本情况一览表(表 1-5)。

表 1-5 模拟公司基本情况一览表

公司名称	
公司住所	
法人代表	
经营范围	
注册资本	
董事长	
总经理	
副总经理 1	

续　表

副总经理 2	
营销总监	
财务总监	
行政总监	
项目经理 1	
项目经理 2	

🔍 知识链接：公司成立的条件

《中华人民共和国公司法》对公司成立的条件做了规定，概括起来主要有以下几条。

（1）应当依法向公司登记机关申请设立登记。

（2）必须依法制定公司章程。

（3）由公司登记机关发给公司营业执照。营业执照应当载明公司的名称、住所、注册资本、经营范围、法定代表人姓名等事项。

（4）公司以其主要办事机构所在地为住所。

（5）公司的经营范围由公司章程规定，并依法登记。

（6）公司法定代表人依照公司章程的规定，由董事长、执行董事或者经理担任，并依法登记。

（7）如果设立的是有限责任公司，应当具备下列条件。① 股东符合法定人数，即五十个以下股东。② 有符合公司章程规定的全体股东认缴的出资。③ 股东共同制定公司章程，章程应当载明：公司名称和住所，公司经营范围，公司注册资本，股东的姓名或者名称，股东的出资方式、出资额和出资时间，公司的机构及其产生办法、职权、议事规则，公司法定代表人，股东会会议认为需要规定的其他事项。④ 有公司名称，建立符合有限责任公司要求的组织机构。⑤ 有公司住所。

（8）如果设立的是股份有限公司，应当具备下列条件。① 发起人符合法定人数，即二人以上二百人以下为发起人，其中须有半数以上的发起人在中国境内有住所。② 有符合公司章程规定的全体发起人认购的股本总额或者募集的实收股本总额。③ 股份发行、筹办事项符合法律规定。④ 发起人制定公司章程，采用募集方式设立的经创立大会通过。章程应当载明：公司名称和住所，公司经营范围，公司设立方式，公司股份总数、每股金额和注册资本，发起人的姓名或者名称、认购的股份数、出资方式和出资时间，董事会的组成、职权和议事规则，公司法定代表人，监事会的组成、职权和议事规则，公司利润分配办法，公司的解散事由与清算办法，公司的通知和公告办法，股东会会议认为需要规定的其他事项。⑤ 有公司名称,建立符合股份有限公司要求的组织机构。⑥ 有公司住所。

 **知识链接**:公司章程应包含的内容

以下是有限责任公司章程范本。

第一章　总则

第一条　为规范公司的行为,保障公司股东的合法权益,根据《中华人民共和国公司法》和有关法律、法规,结合公司的实际情况,特制定本章程。

第二条　公司名称:

第三条　公司住所:

第四条　公司由××共同投资组建。

第五条　公司依法在××工商行政管理局登记注册,取得法人资格,公司经营期限为×年。

第六条　公司为有限责任公司,实行独立核算,自主经营,自负盈亏。股东以其出资额为限对公司承担责任,公司以其全部资产对公司的债务承担责任。

第七条　公司坚决遵守国家法律、法规及本章程规定,维护国家利益和社会公共利益,接受政府有关部门的监督。

第八条　公司宗旨:

第九条　本公司章程对公司、股东、执行董事、监事、经理均具有约束力。

第十条　本章程经全体股东讨论通过,在公司注册后生效。

第二章　公司的经营范围

第十一条　本公司经营范围:

(以公司登记机关核定的经营范围为准)

第三章　公司注册资本

第十二条　本公司注册资本为×万元人民币。

第四章　股东的姓名

股东甲:

股东乙:

股东丙:

……

第五章　股东的权利和义务

第十三条　股东享有的权利

1. 根据其出资份额享有表决权；

2. 选举和被选举为执行董事、监事权；

3. 查阅股东会议记录和财务会计报告权；

4. 依照法律、法规和公司章程规定分取红利；

5. 依法转让出资，优先购买公司其他股东转让的出资；

6. 优先认购公司新增的注册资本；

7. 公司终止后，依法取得公司的剩余财产。

第十四条　股东负有的义务

1. 缴纳所认缴的出资；

2. 依其所认缴的出资额承担公司的债务；

3. 办理公司注册登记后，不得抽回出资；

4. 遵守公司章程规定。

第六章　股东的出资方式和出资额

第十五条　本公司股东出资情况如下：

股东甲：×××，以××出资，出资额为人民币×万元整，占注册资本的×％。

股东乙：×××，以××出资，出资额为人民币×万元整，占注册资本的×％。

……

第七章　股东转让出资的条件

第十六条　股东之间可以自由转让其出资，不需要股东会同意。

第十七条　股东向股东以外的人转让出资：

1. 须有过半数以上并具有表决权的股东同意；

2. 不同意转让的股东应当购买该转让的出资，若不购买该转让的出资，视为同意转让；

3. 在同等条件下，其他股东有优先购买权。

第八章　公司的机构及其产生办法、职权、议事规则

第十八条　公司股东会由全体股东组成，股东会是公司的权力机构，依法行使下列职权：

1. 决定公司的经营方针和投资计划；

2. 选举和更换执行董事，决定有关执行董事的报酬事项；

3. 选举和更换由股东代表出任的监事，决定有关监事的报酬事项；

4. 审议批准执行董事的报告；

5. 审议批准监事的报告；

6. 审议批准公司的年度财务预算方案、决算方案；

7. 审议批准公司的利润分配方案和弥补亏损方案；

8. 对公司增加或者减少注册资本作出决议；

9. 对股东向股东以外的人转让出资作出决议；

10. 对公司兼并、分立、变更公司形式、解散和清算等事宜作出决议；

11. 修改公司章程。

第十九条 股东会会议分为定期会议和临时会议，由执行董事召集和主持，执行董事因特殊原因不能履行职务时，由执行董事指定的股东召集和主持。

定期会议应当每年召开一次，当公司出现重大问题时，代表四分之一以上表决权的股东可提议召开临时会议。

第二十条 召开股东会会议，应当于会议召开15日前通知全体股东。

股东会会议应对所议事项作出决议，决议应由二分之一以上具有表决权的股东表决通过，但股东会对公司增加或者减少注册资本、分立、合并、解散或者变更公司形式、修改公司章程作出的决议，应由三分之二以上具有表决权的股东表决通过。股东会应当对所议事项的决定作会议纪要，出席会议的股东应当在会议纪要上签名。

第二十一条 公司不设董事会，设执行董事一名，由股东会选举产生。

第二十二条 执行董事对股东会负责，行使下列职权：

1. 负责召集股东会，并向股东会报告工作；

2. 执行股东会的决议；

3. 决定公司的经营计划和投资方案；

4. 制订公司的利润分配方案和弥补亏损方案；

5. 制订公司的年度财务预算方案、决算方案；

6. 制订公司增加或者减少注册资本的方案；

7. 拟订公司合并、分立、变更公司形式、解散的方案；

8. 决定公司内部管理机构的设置；

9. 聘任或者解聘公司经理、财务负责人，决定其报酬事项；

10. 制定公司的基本管理制度。

第二十三条 执行董事每届任期三年，任期届满，连选可以连任。

第二十四条 公司设经理，经股东会同意可由执行董事兼任。经理行使下列职权：

1. 主持公司的生产经营管理工作；

2. 组织实施公司年度经营计划和投资方案；

3. 拟定公司内部管理机构设置方案；

4. 拟订公司的基本管理制度；

5. 制定公司的具体规章；

6. 聘任或解聘公司副经理、财务负责人及其他有关负责管理人员。

第二十五条　公司设立监事一名，由股东会选举产生。执行董事、经理及财务负责人不得兼任监事。

第二十六条　监事任期每届三年，监事任期届满，连选可以连任。

第二十七条　监事行使以下职权：

1. 检查公司财务；

2. 对执行董事、经理执行公司职务时违反法律、法规或者公司章程的行为进行监督；

3. 当执行董事、经理的行为损害公司的利益时，要求执行董事和经理予以纠正。

4. 提议召开临时股东会。

第九章　公司的法定代表人

第二十八条　本公司的法定代表人由执行董事担任。

第二十九条　本公司的法定代表人允许由非股东担任。

第十章　公司的解散事由与清算方法

第三十条　公司有下列情况之一的，应予解散：

1. 营业期限届满；

2. 股东会决议解散；

3. 因合并和分立需要解散的；

4. 违反国家法律、行政法规，被依法责令关闭的；

5. 其他法定事由需要解散的。

第三十一条　公司依照上条第1、2项规定解散的，应在15日内成立清算组，清算组人选由股东会确定；依照上条第4、5项规定解散的，由有关主管机关组织有关人员成立清算组，进行清算。

第三十二条　清算组在清算期间行使下列职权：

1. 清理公司财产，分别编制资产负债表和财产清单；

2. 通知或者公告债权人；

3. 处理与清算有关的公司未了结的业务；

4. 清缴所欠税款；

5. 清理债权、债务；

6. 处理公司清偿债务后的剩余财产；

7. 代理公司参与民事诉讼活动。

第三十三条　清算组应当自成立之日起10日内通知债权人,并于60日内在报纸上至少公告三次,债权人应当在接到通知书之日起30日内,未接到通知的自第一次公告之日起90日内,向清算组申报其债权。

债权人申报其债权,应当说明债权的有关事项,并提供证明材料,清算组应当对债权进行登记。

第三十四条　清算组在清理公司财产、编制资产负债表和财产清单后,应当制定清算方案,并报股东会或者有关主管机关确认。

公司财产能够清偿公司债务的,分别支付清算费用、职工工资和劳动保险费用,缴纳所欠税款,清偿公司债务。

公司财产按前款规定清偿后的剩余财产,公司按照股东的出资比例进行分配。

清算期间,公司不得开展新的经营活动。公司财产在未按第二款的规定清偿前,不得分配股东。

第三十五条　因公司解散而清算,清算组在清理公司财产、编制资产负债表和财产清单后,发现公司财产不足清偿债务的,应当立即向人民法院申请宣告破产。

公司经人民法院裁定宣告破产后,清算组应当将清算事务移交给人民法院。

第三十六条　公司清算结束后,清算组应当制作清算报告,报股东会或者有关主管机构确定,并报送公司登记机关,申请公司注销登记,公告公司终止。

第十一章　公司财务会计制度

第三十七条　公司按照法律、行政法规和国务院财政主管部门的规定建立本公司的财务、会计制度。

第三十八条　公司应当在每一会计年度终了时制作财务会计报告并依法经审查验证。财务会计报告包括下列财务会计报表及附属明细表:

1. 资产负债表;

2. 损益表;

3. 现金流量表;

4. 财务情况说明表;

5. 利润分配表。

第三十九条　公司应当在每一会计年度终了时制作财务会计报告,依法经审查验证,并在制成后15日内,报送公司全体股东。

第四十条　公司分配当年税后利润时,应当提取利润的10%列入公司法定公积金,并提取利润的5%至10%列入公司法定公益金,公司法定公积金累计额为公司注册资本的50%以上时,可不再提取。

第四十一条　公司法定公积金不足以弥补上一年度公司亏损的,在依照前条规定提取法定公积金和法定公益金之前,应当先用当年利润弥补亏损。

第四十二条 公司提取的法定公益金用于本公司职工的集体福利。

第四十三条 公司弥补亏损和提取公积金、法定公益金后所余利润,按照股东的出资比例分配。

第十二章 附则

第四十四条 公司提交的申请材料和证明具备真实性、合法性、有效性,如有不实而造成法律后果的,由公司承担责任。

第四十五条 本章程经股东签名、盖章,在公司注册后生效。

股东签名(盖章):
年 月 日

第三步 明确营销组织构成

活动顺序

1. 熟悉营销组织的主要类型及特点。

2. 分析各类营销组织分别适用的行业。

3. 项目组根据各自选择的背景行业,确定最适合模拟公司采用的营销组织结构。

🔍 知识链接:营销组织的主要类型

1. 功能式组织

功能式组织是传统的市场营销组织形式。它是根据市场营销需要完成的工作来设立机构的,是直线职能制,如图 1-3 所示。

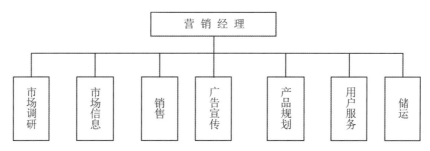

图 1-3 功能式营销组织结构

其优点是行政管理工作简化。其缺点是由于各机构独立性较强,各功能会强调自己重要而不利于内部协调行动。

2. 产品式组织

随着产品品种的增多,为了突出对产品的重视,把产品作为独立部门,产生了产品式组织,如图 1-4 所示。

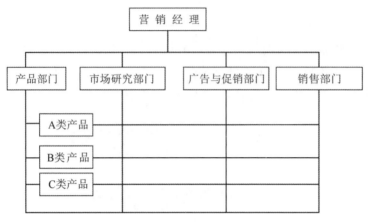

图 1-4 产品式营销组织结构

其优点是所经营的所有产品都受到一视同仁的对待,使产品销售量普遍提高。同时,营销专业人员负责一种或几种产品,易于熟悉产品知识和特点。其缺点是可能增加营销人员,同时会出现几个部门的人员在同一地区重复销售的状况。

3. 地区式组织

大公司、大工厂通常会采取地区式组织形式,如图 1-5 所示。

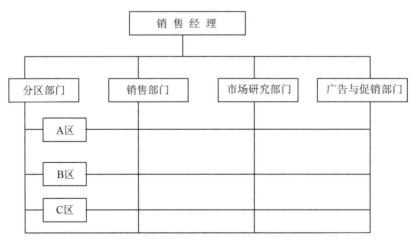

图 1-5 地区式营销组织结构

这种组织形式能扩大产品销售范围。由于各地区有不同特点,这种形式可以在不同地区采取不同的营销策略,以实现共同的目标。同时,该组织形式结构简单,分工明确,便于考核营销人员成绩。其缺点是机构分散,各地区容易各自为政,不易协调。

4.市场式组织

市场式组织又叫"顾客式组织",是指按照本企业产品所销售的市场(顾客)差异设立市场营销组织,由专人负责不同购买者类型的营销业务,如图1-6所示。

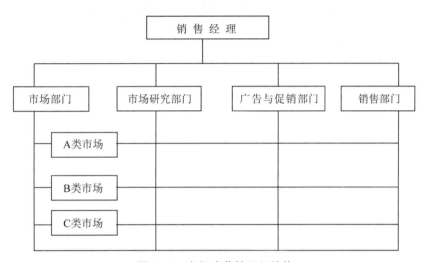

图1-6　市场式营销组织结构

这是当企业的市场销售种类较多且差异较大时建立的组织形式。其优点是有利于企业全面掌握不同市场的特殊营销规律,了解市场的特殊需要和发现潜在市场。缺点与产品式组织相同。

市场营销组织不论采取什么形式,其任务都是为了从组织上保证企业整个营销任务的完成,其根本任务都有调研、计划、执行和服务四个方面。为了保证任务的完成,企业内部必须协调,必须调动各方面的积极性,团结一致地全面实现企业的营销目标。

✐ 练一练

小李的艺术培训公司要开拓所在城市的市场,继而占领整个省的市场,请你为其选择最适合的营销组织结构。

自测题

一、判断题

1.顾客总价值是指顾客购买某一种产品或劳务时所期望获得的一组利益。(　　)

2.企业开展营销活动的思维视角应该从产品开始,到产品卖给消费者为止。(　　)

3. 只要企业制定好营销组合策略,做好内部营销,企业的营销活动就一定能够取得很好的营销效益。(　　)

4. 通过满足需求达到顾客满意,最终实现包括利润在内的企业目标,是现代市场营销的基本精神。(　　)

5. 交换是一个过程。在这个过程中,如果双方达成了一项协议,我们就称之为发生了交易。(　　)

二、单选题

1. "好酒不怕巷子深"反映的是(　　)。

A. 生产观念　　　　　　　　B. 产品观念

C. 现代营销观念　　　　　　D. 推销观念

2. 执行推销观念的企业,其口号是(　　)。

A. 我们生产什么就卖什么　　B. 我们卖什么就让人们买什么

C. 市场需要什么就生产什么　D. 好酒不怕巷子深

3. (　　)最容易导致营销近视症。

A. 产品观念　　　　　　　　B. 推销观念

C. 现代营销观念　　　　　　D. 社会营销观念

三、多选题

1. 关于社会营销观念的正确描述有(　　)。

A. 是一种现代营销理念

B. 是一种传统的营销理念

C. 强调消费者、企业和社会利益的统一

D. 消费者需求是企业营销的出发点

E. 是一种最好的市场营销理念

2. 市场的要素有(　　)。

A. 人口　　　　B. 购买欲望　　　　C. 货币支付能力

D. 沟通能力　　E. 交换场所

3. 一般来说,市场营销理念的发展演变历程可划分为以下哪几个阶段?(　　)

A. 生产观念　　B. 销售观念　　　　C. 现代营销观念

D. 产品观念　　E. 社会营销观念

4. 现代市场营销观念的核心是正确处理(　　)之间的利益关系。

A. 企业　　　　B. 供应商　　　　　C. 顾客

D. 中间商　　　E. 社会

5. 以企业为中心的市场营销理念包括( )。

A. 生产观念　　　　B. 销售观念　　　　C. 现代营销观念

D. 产品观念　　　　E. 社会营销观念

四、简答题

1. 简述销售观念和现代营销观念的主要区别。

2. 为什么说社会营销观念是现代营销观念的补充与修正?

3. 简述市场营销理念的发展历程。

项目二

商情调查

教学目标

能力目标	知识目标
(1) 能够对模拟公司市场营销环境进行准确分析 (2) 能够为模拟公司拟定市场调查计划和设计调查问卷 (3) 能够应用营销调研的程序和方法对模拟公司的目标市场进行调查 (4) 能够根据格式和内容要求撰写调研报告	(1) 了解营销调研的类型和内容 (2) 掌握市场营销环境分析的内容与方法 (3) 掌握营销调研的程序和方法

工作任务

听闻项目一中小李的创业故事后,一家创业投资基金管理公司对小李的发展计划非常有兴趣,要求小李在对浙江音乐培训市场进行全面的商情调查的基础上,提交一份详尽、准确的市场调研报告。

任务分解

小李要对浙江音乐培训市场进行全面的商情调查,应完成以下各项任务。

任务一:分析宏观、微观市场营销环境

任务二:调研市场

任务三:撰写调研报告

任务一：分析宏观、微观市场营销环境

■ 市场营销
环境

市场营销环境是指影响企业市场营销活动的各种外界因素和内部因素的总和。企业面对的诸多环境因素是复杂多变的,环境的变化,或者给企业带来可以利用的市场机会,或者给企业带来一定的环境威胁。监测、把握环境中诸力量的变化,善于从中发现并抓住有利于企业发展的机会,避开或减轻不利于企业发展的威胁,是企业营销决策和计划的依据和

前提。

企业的营销环境由微观环境和宏观环境构成。对影响企业营销的市场环境各因素进行分析是市场营销调研的重要内容,是企业营销决策和计划的依据和前提。营销环境的分析应具有系统性、科学性、有效性和经济性。

工作步骤

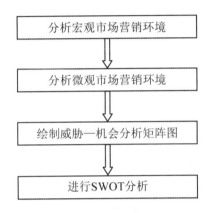

第一步 分析宏观市场营销环境

活动顺序......

1. 分析人口环境,重点分析人口总数、人口结构、人口分布等。

2. 分析经济环境,重点分析社会经济发展状况、消费者收入状况、社会消费结构、信用消费等。

3. 分析政治法律环境,重点分析影响消费者购买和企业营销行为的法律法规、政府方针政策等。

4. 分析社会文化环境,重点分析影响消费者购买行为的社会文化、宗教信仰、审美观念、价值观念、风俗习惯等。

🔍 知识链接:宏观营销环境

宏观营销环境是由一些企业不可控制的大范围的社会约束力量构成的,包括人口环境、经济环境、政治法律环境、社会文化环境、科学技术环境、自然环境等。宏观营销环境的各种因素影响着消费者的数量、社会购买力和人们的消费欲望,从而在很大程度上影响着企业的营销活动。

■ 宏观市场
营销环境

1. 人口环境

人口是构成市场的第一因素。人口环境(population environment)包括人口数量、密度、地点、年龄、性别、种族、职业和其他统计变量。从消费者需求角度,可对人口环境做如下分析。

(1)人口总量。世界范围内的人口总量呈爆炸性增长。现在世界人口总量已超过70亿,预计在2030年突破80亿。人口增长首先意味着人民生活必需品的需求增加,也可能意味着增长的市场机会,这要依据购买力而定。因此,营销者应密切关注市场中的人口趋势和发展。

(2)年龄结构。随着社会经济的发展,科学技术的进步,人民生活水平和医疗卫生保健事业的巨大改善,人的平均寿命大大延长,许多国家人口老龄化加速。根据我国2010年第六次全国人口普查发布的主要数据,60岁及以上人口占13.26%,65岁及以上人口占8.87%,老龄化进程逐步加快。随着老年人口的绝对数量和相对数量的增加,"银色市场"日渐扩大。

(3)家庭结构。家庭是商品购买和消费的基本单位。一个国家或地区的家庭单位的多少以及家庭平均人员的多少,可以直接影响到某些消费品的需求数量。传统的家庭结构包括丈夫、妻子和孩子(有时候有祖父母或外祖父母)。但现在随着家庭观念的变化,越来越多的人选择不结婚、晚婚,或者结婚但不打算要孩子。而大量的女性参与工作、二孩政策的出台促进了保姆业的发展,同时还增加了对金融服务和便捷食品与服务的消费。面对这样的趋势,营销者就需要更多考虑非传统家庭的特殊需求,因为他们的增长速度大大超过了传统家庭。

(4)地理分布。人口在地理分布上有区别,人口在不同地区密集程度是不同的。各地人口的密度不同,则市场大小不同,消费需求特性不同。随着我国城镇化的日益推进,农村人口向城市流动,内地人口向沿海经济发达地区流动。人口流入地区的消费需求不仅在量上增加,消费结构也一定会发生变化,企业应该提供更多的适销对路产品以满足这些流动人口的需求,这是潜力很大的市场。

(5)教育与职业结构。人口的教育程度与职业不同,会对市场需求表现出不同的倾向。随着高等教育规模的扩大,人口的受教育程度普遍提高,收入水平也逐步增加。企业应关注人们对报刊、书籍、电脑等商品的需求的变化。

(6)人口性别。性别差异导致的消费需求差别反映到市场上就是男性用品市场和女性用品市场。企业可以针对不同性别的不同需求,生产适销对路的产品,制定有效的营销策略,开发更大的市场。

2. 经济环境

经济环境(economic environment)是指那些影响顾客购买力和购买方式的因素。

经济环境是企业营销活动的主要环境因素,包括收入水平、消费结构、产业结构、经济增长率、货币供应量、银行利率、政府支出等因素,其中收入水平、消费结构对企业营销活动影响较大。

(1)收入水平。收入水平是构成市场的重要因素,因为市场规模的大小,归根结底取决于消费者购买力的大小,而消费者的购买力取决于他们收入的多少。企业必须从市场营销的角度来研究消费者收入,通常可从以下四个方面进行研究:①国民生产总值。它是衡量一个国家经济实力与购买力的重要指标。国民生产总值增长越快,对商品的需求和购

解读"中等收入陷阱"

买力就越大,反之,就越小。②人均收入。这个指标大体反映了一个国家人民生活水平的高低,也在一定程度上决定商品需求的构成。一般来说,人均收入增长,对商品的需求和购买力就增大,反之,就越小。③个人可支配收入。它是指在个人收入中扣除消费者个人缴纳的各种税款和交给政府的非商业性开支后剩余的部分,是可用于消费或储蓄的那部分个人收入,它构成实际购买力。个人可支配收入是消费者购买生活必需品的决定性因素。④个人可任意支配收入。它是指在个人可支配收入中减去消费者用于购买生活必需品的费用支出(如房租、水电、食物、衣着等项开支)后剩余的部分。这部分收入是消费需求变化中最活跃的因素,也是企业开展营销活动时所要考虑的主要对象。这部分收入一般用于购买高档耐用消费品、娱乐、教育、旅游等。

(2)消费结构。消费结构是在一定的社会经济条件下,人们(包括各种不同类型的消费者和社会集团)在消费过程中所消费的各种不同类型的消费资料(包括劳务)的比例关系。德国统计学家恩斯特·恩格尔于1857年发现了消费者收入变化与支出模式,即消费结构变化之间的规律性。这种消费结构的变化通常用恩格尔系数(Engel coefficient)来表示:恩格尔系数=食品支出金额/家庭消费支出总金额。恩格尔系数越小,食品支出所占比重越小,表明生活越富裕,生活质量越高;恩格尔系数越大,食品支出所占比重越高,表明生活越贫困,生活质量越低。恩格尔系数是衡量一个国家、地区、城市、家庭生活水平高低的重要参数。企业从恩格尔系数可以了解目前市场的消费水平,也可以推知今后消费变化的趋势及其对企业营销活动的影响。

3. 政治法律环境

政治法律环境(political environment)是指国家或地方政府所颁布的各项法规、法令、条例和政策等,它是企业营销活动的准则,企业只有依据法律和政策进行各种营销活动,才能受到国家法律和政策的有效保护。企业的营销管理者只有熟知有关的法律

条文,才能保证企业经营的合法性,运用法律武器来保护企业与消费者的合法权益。而对那些从事国际营销活动的企业来说,其不仅要遵守本国的法律制度,还要了解和遵守国外的法律制度和有关的国际法规、惯例和准则,这样才能制定有效的营销对策,在国际营销中争取主动。

4. 社会文化环境

■ "互联网+" 时代如何面对营销环境的变化

社会文化环境(cultural environment)指在一种社会形态下已经形成的价值观念、宗教信仰、风俗习惯、道德规范等的总和。任何企业都处于一定的社会文化环境中,企业营销活动必然受到所在社会文化环境的影响和制约。为此,企业应了解和分析社会文化环境,针对不同的文化环境制定不同的营销策略,组织不同的营销活动。对社会文化环境的研究一般从以下几个方面入手。

(1)教育状况。受教育程度的高低,决定了消费者对商品功能、款式、包装和服务的要求的差异性。通常文化教育水平高的国家或地区的消费者要求商品包装典雅、华贵对附加功能也有一定的要求。因此企业营销开展的市场开发、产品定价和促销等活动都要考虑到消费者所受教育程度的高低,据此采取不同的策略。

(2)宗教信仰。宗教是构成社会文化环境的重要因素,宗教对人们消费需求和购买行为的影响很大。不同的宗教有各自独特的对节日礼仪、商品使用的要求和禁忌。某些宗教组织甚至在教徒购买决策中有决定性的影响。因此,企业可以把影响大的宗教组织作为自己的重要公共关系对象,在营销活动中也要考虑到不同的宗教信仰,以避免由于矛盾和冲突给企业营销活动带来的损失。

■ 互联网时代消费者价值观念的变化趋势

(3)价值观念。价值观念是指人们对社会生活中各种事物的态度和看法。不同文化背景下,人们的价值观念往往有着很大的差异,消费者对商品的色彩、标识、式样以及促销方式都有褒贬不同的意见和态度。企业营销必须根据消费者不同的价值观念设计产品,提供服务。

(4)消费习俗。消费习俗是指人们在长期经济与社会活动中所形成的一种消费方式与习惯。不同的消费习俗,对应不同的商品要求。研究消费习俗,不但有利于组织好消费用品的生产与销售,而且有利于正确、主动地引导健康的消费。了解目标市场消费者的禁忌、习惯、避讳等是企业进行市场营销的重要前提。

5. 科学技术环境

科学技术是社会生产力中最活跃的因素,科学技术环境(technological environment)影响着人类社会的历史进程和社会生活的方方面面,对企业营销活动的影响更是显而易见。现代科学技术突飞猛进,笔记本电脑、网络、信用卡等运用新技术的产品和服务不断涌现。科技发展对企业营销活动的影响突出表现在以下几个方面。

（1）科技发展促进社会经济结构调整。每一种新技术的发现、推广都会给有些企业带来新的市场机会，导致新行业的出现。同时，也会对某些行业、企业造成威胁，使这些行业、企业受到冲击甚至被淘汰。例如，电脑的运用代替了传统的打字机，复印机的发明排挤了复写纸，数码相机的出现夺走胶卷的大部分市场，等等。

（2）科技发展促使消费者购买行为改变。随着互联网技术的日新月异，"网上购物"成为许多人的主要购物方式，移动支付成为主要的支付方式，而"刷脸"支付更是颠覆了人们的支付习惯。工商企业也可以利用这种系统进行广告宣传、营销调研和推销商品。随着新技术革命的开展，"便捷购买、享受服务"的方式还会继续发展。

（3）科技发展影响企业营销组合策略。科技发展使新产品不断涌现，产品寿命周期明显缩短，要求企业必须关注新产品的开发，加速产品的更新换代。科技发展降低了产品成本，使产品价格下降，要求企业及时做好价格调整工作。科技发展促进流通方式的现代化，要求企业采用顾客自我服务和各种直销方式。科技发展还使广告媒体多样化，信息传播快速化，市场范围广阔化，促销方式灵活化。因此，企业应不断分析科技新发展，创新营销组合策略，以适应市场营销的新变化。

（4）科技发展促进企业营销管理现代化。科技发展为企业营销管理现代化提供了必要的条件，大数据、云计算、人工智能等技术的广泛运用，对改善企业营销管理、实现现代化发挥了重要的作用。同时，科技发展对企业营销管理人员也提出了更高的要求，促使其更新观念，掌握现代化管理理论和方法，不断提高营销管理水平。

6. 自然环境

自然环境（natural environment）是指自然界提供给人类的各种形式的物质资料，如阳光、空气、水、森林、土地等。随着人类社会进步和科学技术发展，世界各国都加速了工业化进程，这一方面创造了丰富的物质财富，满足了人们日益增长的需求；另一方面产生了资源短缺、环境污染等问题。世界各国也日益关注经济发展对自然环境的影响，成立了许多环境保护组织，促使政府加强环境保护的立法。这些问题都对企业营销形成挑战。营销管理者应该关注自然环境变化的趋势，并从中分析企业营销的机会和威胁，制定相应的对策。当前，自然环境方面的趋势是：① 原材料日益匮乏；② 污染增加；③ 政府在自然资源管理上的干预加强。

第二步 分析微观市场营销环境

活动顺序 ··

1. 分析音乐培训市场状况,包括产品特点、产品价格、市场需求规模及特点、市场供求状况等。

2. 分析音乐培训市场的消费者购买行为,包括消费者构成、消费者购买动机、消费者购买特点、消费者使用感受等。

3. 分析音乐培训市场的竞争对手状况,包括主要竞争对手、竞争对手的资源和实力、竞争对手的目标市场、竞争对手的营销策略等。

4. 分析音乐培训市场的营销渠道,包括批发商、零售商、促销和服务等。

🔍 知识链接:微观营销环境

■ 微观市场
营销环境

微观营销环境指与企业紧密相连,直接影响企业营销能力的各种参与者,包括企业本身、供应商、营销中介、顾客、竞争者以及公众等,是决定企业市场占有率的重要因素之一,也是企业营销战略和策略制定的依据。

1. 企业

企业(enterprise)在开展营销活动时需要充分考虑到企业内部的各种力量和因素,如高层管理人员、财务部门、研究开发部门、采购部门、生产作业部门、质检部门、后勤部门等。企业内部各职能部门的工作及其相互之间的协调关系,直接影响企业的整个营销活动。企业在制订营销计划、开展营销活动时,必须进行有效沟通,协调和处理好各部门之间的矛盾和关系,营造良好的企业环境,以更好地实现营销目标。

2. 供应商

供应商(suppliers)是指为企业提供特定的原材料、辅助材料、设备、能源、劳务、资金等资源的单位。这些资源的变化直接影响到企业产品的产量、质量以及利润,从而影响企业营销计划和营销目标的完成。因此,营销经理必须及时掌握供应商提供的资源的数量、质量以及价格。今天,大多数营销人员视供应商为创造和传递顾客价值的合作伙伴。

3. 营销中介

营销中介(marketing intermediary)是为企业营销活动提供各种服务的企业或部门的总称。它们包括中间商、营销服务机构、物流公司、金融中介等。

(1) 中间商。中间商指产品从生产商流向消费者的中间环节或渠道,主要包括批发商和零售商两大类。中间商帮助企业找到消费者,并将产品销售给消费者;同时为消费者创造地点效用、时间效用和持有效用。为此,企业必须选择适合自己的合格中间商,必须与中间商建立良好的合作关系,必须了解和分析其经营活动,并采取一些激励措施来推动其业务活动的开展。

(2)营销服务机构。营销服务机构指企业营销中提供专业服务的机构,包括广告公司、广告媒介经营公司、市场调研公司、营销咨询公司、财务公司等。这些机构会对企业的营销活动产生直接的影响,它们帮助企业锁定正确的目标市场,并将产品销售到正确的市场。为此,企业需要关注、分析这些服务机构,选择最能为本企业提供有效服务的机构。

(3)物流公司。物流公司指帮助企业进行保管、储存、运输的物流机构,包括仓储公司、运输公司等。物流公司的主要任务是协助企业将产品实体运往销售目的地,完成产品空间位置的移动。到达目的地之后,由于产品还有一段待售时间,因此物流公司还要协助保管和储存。这些物流服务是否安全、便利、经济,直接影响企业营销效果。因此,企业在营销活动中,必须了解和研究物流公司及其业务动态。

(4)金融中介。金融中介指企业营销活动中进行资金融通的机构,包括银行、信托公司、保险公司等。金融中介的主要功能是为企业营销活动提供融资及保险服务。在现代化社会中,任何企业都要通过金融机构开展业务往来。金融机构业务活动的变化还会影响企业的营销活动,比如银行贷款利率上升,会使企业成本增加;信贷资金来源受到限制,会使企业经营陷入困境。为此,企业应与这些公司保持良好的关系,以保证融资及信贷业务的稳定和渠道的畅通。

4. 顾客

营销环境中最重要的因素是顾客。顾客(customer)就是企业的目标市场,是企业的服务对象,也是营销活动的出发点和归宿。企业需要对五类顾客市场进行仔细研究(见图 2-1)。

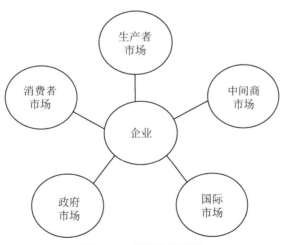

图 2-1 顾客市场类型

■ 解读消费
者行为

（1）消费者市场（consumer market），即为了满足个人或家庭消费需求购买产品或服务的个人和家庭。

（2）生产者市场（business market），即为生产其他产品或服务，以赚取利润而购买产品或服务的组织。

（3）中间商市场（reseller market），即购买产品或服务以转售，从中营利的组织。

（4）政府市场（government market），即购买产品或服务，以提供公共服务或把这些产品及服务转让给其他需要的人的政府机构。

（5）国际市场（international market），即国外购买产品或服务的个人及组织，包括外国消费者、生产商、中间商及政府。

5. 竞争者

营销观念认为，企业要取得成功，就必须比它的竞争者（competitor）提供更高的顾客价值和满意度。企业的营销系统总是被一群竞争者包围和影响着，只有识别和战胜竞争对手，才能在顾客心目中确立强有力的地位，从而获取战略优势。没有一种竞争战略是万能的。每个企业都需要考虑自身的规模和与竞争者相比在行业中的位置。在某一行业占优势地位的大企业可以采取小企业无法使用的竞争战略，而小企业也能制定可以为自身带来更高回报率的企业战略。

6. 公众

公众（public）是指任何对企业实现其营销目标的能力具有实际或潜在影响的群体。企业面对的广大公众的态度会协助或妨碍企业正常营销活动的开展，所以企业必须处理好与主要公众的关系，争取公众的支持和偏爱，为自己营造和谐、宽松的营销环境。

我们可以识别出以下 7 类公众。

（1）财务公众。其主要包括银行、投资公司、证券公司、股东等，他们对企业的融资能力有重要的影响。

（2）媒介公众。其主要包括报纸、杂志、电台、电视台、网络等传播媒介，他们掌握传媒工具，有着广泛的社会关系，能直接影响社会舆论对企业的认识和评价。

（3）政府公众。其主要指与企业营销活动有关的各级政府部门，它们所制定的方针、政策，对企业营销活动或是限制，或是机遇。

（4）社团公众。其主要指与企业营销活动有关的非政府机构，如消费者组织、环境保护组织以及其他群众团体。企业营销活动涉及社会各方面的利益，来自这些社团公众的意见、建议往往对企业营销决策有着十分重要的影响。

（5）社区公众。其主要指企业所在地附近的居民和社区团体。社区是企业的邻里,企业保持与社区的良好关系,为社区的发展做一定的贡献,会受到社区居民的好评,他们的评价能帮助企业在社会上树立形象。

(6)一般公众。其指上述各种关系之外的社会公众。企业需要知道大众对自己产品和行动的态度。公众对企业的评价会影响顾客的购买行为。

(7)内部公众。其指企业内部的管理人员及一般员工,企业的营销活动离不开内部公众的支持。企业应该处理好与广大员工的关系,调动他们开展市场营销活动的积极性和创造性。

在上述微观营销环境中,顾客和竞争者对企业营销活动的影响最大,是微观营销环境调研的重点。

第三步 绘制威胁—机会分析矩阵图

活动顺序··

1.分析环境威胁,主要分析潜在威胁的严重性,即影响程度,以及威胁出现的可能性,即出现概率。

2.分析机会,主要分析潜在的吸引力(盈利性)和成功的可能性(企业优势)。

3.用矩阵法分析、评价营销环境。

4.确定企业市场营销对策。

🔍 知识链接:环境威胁与市场机会

市场营销环境通过对企业构成威胁或提供机会而影响营销活动。

(1)环境威胁是指环境中不利于企业营销的因素及其发展趋势,对企业形成挑战,对企业的市场地位构成威胁。这种挑战可能来自国际经济形势的变化,如2008年爆发的全球金融危机,给世界多数国家的经济和贸易带来负面影响。挑战也可能来自社会文化环境的变化,如某些国家实施的"绿色壁垒",对某些生产不完全符合环保要求的产品的企业,无疑也是一种严峻的挑战。

(2)市场机会是指对企业营销活动富有吸引力的领域,在这些领域,企业拥有竞争优势。市场机会对不同企业有不同的影响力,企业在每一特定的市场机会中成功的概率,取决于其业务实力是否与该行业所需要的成功条件相符,如企业是否具备实现营销目标所需要的资源。

企业面对威胁程度、市场机会不同的营销环境,需要通过环境分析来评估市场机会与环境威胁。企业可采用威胁—机会分析矩阵图来分析、评价营销环境。

用矩阵图分析、评价营销环境,可能出现 4 种不同的结果,如图 2-2 所示。

图 2-2　威胁—机会分析矩阵图

🔍 知识链接:企业市场营销对策

在环境分析与评价的基础上,企业对威胁与机会水平不等的各种营销业务,要分别采取对策。

(1) 对于理想业务,应看到其机会难得甚至转瞬即逝,必须抓住机遇,迅速行动,否则将丧失战机,后悔莫及。

(2) 对于冒险业务,即面对高利润与高风险,既不宜盲目冒进,也不应迟疑不决、坐失良机,应全面分析自身的优势与劣势,扬长避短,创造条件,争取突破性的发展。

(3) 对于成熟业务,其威胁与机会均处于较低水平,企业可将其作为常规业务,用以维持企业的正常运转,并为开展理想业务和冒险业务准备必要的条件。

(4) 对于困难业务,要么努力改变环境,走出困境或减轻威胁,要么立即转移,摆脱无法扭转的困境。

第四步　进行 SWOT 分析

活动顺序

1. 分析企业外部环境中能够获得的机会与面临的威胁。

2. 结合企业自身的条件,分析企业的比较优势与劣势。

3. 寻找企业的营销机会点和问题点。

🔍 知识链接:SWOT 分析的内容

SWOT 分析是企业营销环境分析中常用的一种优劣势比较分析法,它是通过对企业内部优势(strength)与劣势(weakness)、企业外部环境中的机会(opportunity)与威胁(threat)比较分析来扬长避短,寻找最佳营销决策(见图 2-3)。

	内部优势(strengths)	内部劣势(weaknesses)
优势与劣势	设计良好的战略 强大的产品线 广阔的市场覆盖面 优秀的营销技巧 品牌知名度高 研发能力与领导管理水平高 信息处理能力强 ……	不良的战略 过时、过窄的产品线 糟糕的营销计划 缺乏品牌知名度与信誉 研发能力落后 领导管理水平不高 反应能力弱 ……
	外部机会(opportunities)	外部威胁(threats)
机会与威胁	经济形势好转与居民收入增长 国内外市场竞争并不激烈 发现快速增长的新市场 新的技术革命有利于提高生产效率 新的人口政策导致新生儿出生比率增长 新市场进入壁垒低 没有新产品或替代品 ……	经济形势不好与居民收入下滑 国内外市场竞争加剧 没有新市场出现 新的技术革命导致产品更新换代 环境保护政策执行力度加强 新市场进入壁垒高 新产品或替代品出现 ……

图 2-3　SWOT 分析矩阵图

✏ **练一练**

1. 在上述内外部环境分析的基础上,为小李的艺术培训公司建立 SWOT 分析矩阵图(图 2-4)。

2. 在图中分别列出其优势、劣势、机会和威胁,并将企业内部的优势和劣势与环境中的机会和威胁相匹配,使企业与环境相适应,提出企业充分发挥优势、克服弱点、利用机会、减少威胁的营销战略。

	内部优势(strengths)	内部劣势(weaknesses)
优势与劣势		
	外部机会(opportunities)	外部威胁(threats)
机会与威胁		

图 2-4　小李的艺术培训公司 SWOT 分析矩阵图

 **知识拓展：市场调查的方法**

1. 实地调查法

实地调查是指由市场调查人员亲自收集第一手资料，经过分析判断而得出调查结论的调查方法。收集第一手资料费用虽高，但比较准确、实用。实地调查法一般可分为以下三种。

（1）访问调查法：指调查人员用提问方式向被调查者了解情况，根据被调查者的回答来收集信息资料的调查方法。根据访问调查过程中调查者与被调查者接触方式不同的，访问调查法可分为面谈访问法、邮寄访问法、电话访问法、留置问卷访问法、网络调研法等。抽样调查技术使企业能够通过对样本的调查获得科学、可信的信息。访问调查法是企业最常用的市场调查方法。

（2）实验调查法：指在约定条件下，通过实验对比，对调查对象的某些因素之间的因果关系及其发展变化过程加以观察和分析，以取得第一手调查资料的方法。如企业通过控制价格、包装和广告来研究其对销售的影响。

（3）观察调查法：指调查人员在现场对被调查者的行为进行直接观察、收集信息资料的调查方法。它的特点是不直接向被调查者提出问题，求得答案，而是利用感官或器材记录被调查者的言行，以达到收集信息资料的目的。调查人员同被调查者不发生接触，而是由调查人员直接或借助仪器把被调查者的活动按实际情况记录下来。

2. 文案调查法

文案调查法是由市场调查人员从各种已有的文献资料中收集二手资料的调查方法，因此又称资料调查法。调查人员通常都首先借助二手资料来开展调查，如果可以达到目标，就能省去收集原始资料的费用，从而降低成本，提高效率。

文案调查法的优点是省时、省人工、省费用，可以以较快的速度和较低的费用得到二手资料。缺点是信息的时效性差，因此当时效性不能满足要求时，应考虑采用实地调查法加以弥补。

文案调查法的二手资料主要分为内部资料和外部资料两大类。内部资料主要是企业内部的营销调研部门与信息系统所能够提供的资料。内部资料的主要来源有：①营销调研部门汇编的资料。这要求企业调研部门或个人对每个调研课题所获得的全部资料仔细地做好索引并归入档案。当遇到相同的问题时，调研人员可从保存的资料中直接调用。除此之外，营销调研部门的资料还包括收集的报纸、杂志和其他文献的剪报等。②企业信息系统提供的统计资料，如客户订货单、销售额及销售分布、销售损益、库存情况、产品成本等。从生产、销售、成本以及分布地区的比较分析中，可以检验各种因素的变化情况。

外部资料是指公共机构提供的已出版和未出版的资料。营销人员应熟悉这些公共机构及其所提供的资料种类。外部资料的主要来源有：①国家统计机关公布的统计资料，包括工业普查资料、统计资料汇编、商业地图等。②行业协会发布的行业资料，这是获取有关同行业资料的宝贵来源。③图书馆保存的商情资料。图书馆除了可提供贸易统计数据和有关市场的基本经济资料外，还可以提供各种产品、厂商的更具体的资料。④出版机构提供的书籍、报纸、杂志和其他文献，包括出版社出版的工商企业名录、商业评论、统计丛书、产业研究等和一些报刊刊登的市场行情、分析报道。⑤银行的咨询报告、商业评论期刊。国外许多大的银行都发行期刊，这些期刊往往有比较完善的报道，而且一经索取就可以得到。⑥专业组织的调查报告。随着我国经济改革的深化，消费者组织、质量监督机构、证券交易所等专业组织也常常会发表统计资料和分析报告。⑦研究机构的调查报告。许多市场研究机构和从事营销调研的组织，除了为各委托人完成研究工作外，为了提高知名度，也常常发表市场报告和行业研究论文。

收集二手资料时应明确采用何种方法，可以是直接查阅、搜索、购买、交换或通过情报网委托收集。在现代信息技术发展的今天，资料调查法的实践运用要充分利用互联网收集信息的优势，上网收集有关资料信息。

在选择市场调查的方法时，调查人员一般应先考虑收集二手资料。实地调查法虽有利于企业获得客观性、准确性较高的资料，但其周期往往较长，花费往往较大。而资料调查法则可以以较快的速度和较低的费用得到二手资料。因此，资料调查法一般是市场调查必不可少的基础和前道工序。只有当资料调查法不能充分满足需要时，才考虑采用实地调查法加以补充。其次，应"先里后外，由近及远"收集资料。调查人员收集资料时，应先从容易得手的资料开始。一般来说，企业自己的资料容易收集，近期资料要比远期资料容易收集。

能力拓展

1. 在使用文案调查法收集相关信息的基础上，各小组学生对自己所设模拟公司的项目及产品的行业状况、竞争者、政策、法律等因素进行宏观、微观营销环境分析。

2. 在上述内外部资源及环境分析的基础上，建立 SWOT 分析矩阵图，在图中分别列出所设模拟公司的优势、劣势、机会和威胁，并将公司的优势与劣势和环境中的机会与威胁相匹配，提出充分发挥优势、克服劣势、利用机会、减少威胁的营销战略。

任务二 调研市场

市场调研在营销系统中扮演着两种重要角色:首先,它是市场信息反馈过程的一部分,为决策者提供关于当前营销组合有效性的信息和进行必要变革的线索;其次,它是探索新的市场机会的基本工具。

目前对市场调研的定义比较权威的是美国市场营销协会(American Marketing Association)对市场调研的定义:市场调研是一种通过信息将消费者、顾客和公众与营销者连接起来的职能。这些信息用于识别和确定营销机会和问题,产生、提炼和评估营销活动,监督营销绩效,改进人们对营销过程的理解。市场调研规定解决问题所需的信息,设计收集信息的方法,管理并实施收集信息的过程,分析结果,最后得出结论。

■ 市场调研
问题

市场调研的目的是发现并认识组织中存在的市场营销问题,为解决该营销问题提供有效的信息。因而市场调研涉及针对特定的营销问题确定调研的主题,从而系统地设计调研方案,采用合适的调研方法,针对特定的调研对象开展调研并收集资料,进行资料的审核和整理,分析及研究市场

■ 营销问题

各类信息资料,报告研究结果。市场调研在把握围绕企业、行政机关、行业公会等组织的各种宏、微观诸因素的情况下,预测未来,是市场预测和经营决策过程中必不可少的组成部分。

工作步骤

■ 市场调研
流程

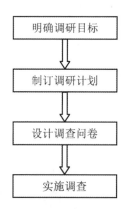

```
明确调研目标
    ↓
制订调研计划
    ↓
设计调查问卷
    ↓
实施调查
```

第一步 明确调研目标

调研目标是设计调研方案、编制调研策划书的重要依据。确定调研目标,就是指出在营销调研中要解决哪些问题,通过调研要取得哪些资料,获取这些资料有何用途。随

着营销管理问题与营销调研问题的逐步明晰,营销调研目标便可相应得到确认。如某企业近年来销售量大幅度下降,据此确定的调研目标可能是"发现引起企业销售量下降的原因"。又如某公司因原材料涨价而利润降低,管理层考虑将成品提价,有关调研目标可描述为:通过对价格需求弹性的调研研究,确定不同价格水平对产品销售和盈利的影响,为公司制定合适的价格政策提供依据。

第二步　制订调研计划

活动顺序···

    1. 确定资料来源。

    2. 安排调查时间和地点。

    3. 安排调查对象。

    4. 确定接触方式。

    5. 拟定调查方法。

    6. 选择调研工具。

    7. 安排调查人员及分工。

    8. 进行费用预算。

调研计划是事先对调研所做的统筹安排,也称调研方案。确定了调研问题和调研目标之后,研究人员便要着手设计详细的调研计划,编制市场调研策划书。

■ 调研策划
方案的撰写

调研组织者要对整个调研在时间上做周密的安排,要确定调研的总时间及阶段时间,并规定每个阶段要完成的目标或任务。调研地点是选择一个城市,还是几个城市,是选择某城市的一个区,还是一个街道;是选择现场调查,还是网络调查。这些都应该根据具体的调研项目来选择。

🔍 知识链接:抽样计划

抽样计划就是根据调研的目的确定抽样单位、样本数量以及抽样方法。抽样单位即向什么人调查问题,样本数量即对多少人调查,抽样方法即采取随机抽样还是非随机抽样技术。在其他条件相同的情况下,样本越大越具有代表性,样本数量的多少直接影响结果的精确度,但样本数量过大亦会造成经济上的浪费。经验表明,如果抽样程序和方法科学的话,样本规模(被调查者数量)大体在被调查群体总人数的1%左右即具有代表性和可靠性。

知识链接：被调查者接触方式

抽样计划被确定后,营销调研者必须决定采取何种接触被调查者的方式,如邮寄调查表、电话访问、人员面谈访问、在线访问。其中人员面谈访问有安排访问和拦截访问两种形式。安排访问的对象是事先挑选的,这种方法因为花费了受访者的一些时间,因此应该给予其一些报酬或奖金,以补偿对受访者的打扰。拦截访问是在商店大堂或商业街上拦截人们进行交谈,拦截访问有非随机抽样的缺点,并且交谈的时间很短。目前在线访问越来越普及。企业可以把调查问题放在自己的网页上,同时给回答问题者一定的奖励;或者把问题放在人们常去浏览的网页上,实行有奖回答。

知识链接：调查方法拟定

当企业决定收集二手资料时,可以采用资料调查法;当企业决定收集第一手资料时,可以采用的调查方法主要有访问法、观察法和实验法。每类方法适用面不同,究竟采用哪种方法,要依据调研的目的、性质以及调研经费的多少而定。

知识链接：调研工具选择

在收集第一手资料时,可以使用的调研工具主要有调查问卷。问卷就是根据调查目的和内容而设计的调查表。如采用观察法或实验法,则需要设计记录观察、实验结果的记录表、登记表,还需要考虑进行观察、实验时使用何种设备仪器等。在选择上述各种调研工具时,应考虑到被调查者的文化水平、专业技术等方面的因素。在收集二手资料时,可以使用的调研工具应该是搜索。

知识链接：调查人员安排及分工

确定调查人员主要是确定参加市场调查人员的条件和人数,包括对调查人员的必要培训。由于调查对象是社会各阶层的生产者和消费者,其思想认识、文化水平差异较大,因此,要求市场调查人员首先必须具备一定的思想水平、工作能力和业务技术水平,能正确理解调查提纲、表格、问卷内容,能比较准确地记录调查对象反映出来的实际情况和内容,能做一些简单的数字运算和初步的统计分析。其次,市场调查人员应具备一定的市场学、管理学、经济学方面的知识,对调查过程中涉及的专业概念、术语、指标应有正确的理解。此外,市场调查人员还要具备一定的社会经验,要有文明、大方的举止和开朗的性格,要善于和不同类型的人打交道,取得他们对调查工作的配合。

市场调查一般都是团队集体活动,需要多人合作才能完成。在制订调查计划时,根据调查课题要求及课业训练要求,可以集体一起收集资料,也可以进行分工,但报告的撰写一定要具体分工,落实到每个小组成员,这样才能保证调研报告按时按质完成。

知识链接：调查费用预算

调查费用一般包括劳务费、问卷费、差旅费和设备使用费。在编制调查费用预算时,通常先把某项调查的所有活动或事件都一一列明,然后估算每项活动的费用,最后再汇总。要注意的是预算仅仅是一种估计,应有一定的灵活性,即预算金额要有一定的上下浮动幅度。

第三步　设计调查问卷

调查问卷是开展访问调查的重要工具。调查问卷是按一定项目和次序设计的,用以系统记载调查内容。采用调查问卷进行调查,可以使调查内容标准化和系统化,便于资料的收集和处理,而且它具有形式简单、内容简明、应用灵活等优点,在访问调查中被广泛采用。调查问卷的设计程序是否被严格遵循,关系到问卷的质量,进而影响到调查的结论。

活动顺序

1. 充分了解调查的目的,决定调查的具体内容和所需要的资料。

2. 逐一列出各种资料的来源。

3. 从被调查者的角度,考虑问卷中拟列出的问题是否能得到确切的资料,哪些问题便于被调查者回答,哪些问题难以回答。

4. 按照逻辑思维确定发问次序。

5. 决定每个问题的提问方式,即确定哪些用封闭式提问法,哪些用开放式提问法,哪些需要做解释和说明。

6. 写出问题。

7. 审查问题。

8. 考虑调查得到的资料是否对分析问题、解决问题有帮助。

9. 对调查问卷进行小规模的预试。

10. 修改调查问卷并正式定稿。

知识链接：消费者调查项目的主要内容

(1) 被调查者的信息资料：性别、年龄、职业、文化水平(所学专业)、收入(个人、家庭、生活费用)。

■ 调研内容
设计

(2) 目标顾客有哪些？喜欢购买该产品(服务)的消费者是谁？有多少？

（3）购买动机：了解消费者的购买动机是追求质量保证、价格便宜、安全可靠、服务周到、品牌信誉，还是新潮时尚、艺术欣赏、陶冶心情、展现荣耀、环境舒适等。

（4）购买行为特点：购买什么？购买多少？何时购买？何地购买？采用什么购买方式？购买的频率为多少？购买什么品牌？

（5）获得购买信息的渠道：产品广告、商业促销、媒体宣传、熟人介绍、个人体验。

🔍 知识链接：调查问卷设计技术

1. 调查问卷的基本结构

（1）开头部分：一般包括标题、问卷编号、问候语、填表说明等内容。

① 标题：概括性地说明调研的主题，使被调查者对所要回答的问题有大致的了解。

② 问卷编号：有些问卷需加编号，以便分类归档，或便于计算机处理。

③ 问候语：凡需要被调查者自填的问卷，一般都有问候语，便于被调查者了解调查的目的和内容，进而消除顾虑，积极合作。

④ 填表说明：让被调查者知道如何填写问卷。这部分内容通常包括填表的要求、调查项目的含义、调查时间、被调查者应该注意的事项、问卷返回的方式等。在自填式问卷中一定要有这部分内容。填表说明一定要详细、清楚，格式、位置要醒目。

（2）正文部分：正文部分是问卷的主体部分或核心部分。这是调查问卷的基本组成部分，依据调查主题设计若干问题，要求被调查者回答。

调查问卷实际上是把需要调查的内容明确化和具体化。如何确定合理的调查项目和怎样命题，是能否取得准确和完善资料的关键。例如，在服装消费需求的调查问卷中，应该把调查内容具体化成购买服装类别、购买档次、购买区域、购买样式和对现在服装市场的态度等项目。

（3）附录部分：附录部分也就是背景部分，通常放在问卷的最后。在这部分可以把有关被调查者的个人信息档案列入，标明调查人员姓名和调查日期，也可以附带说明某些问题，还可以再次向被调查者致谢。

掌握被调查者的基本情况，是为了便于对调查资料进行归类和具体分析，有些调查的主要内容就是要了解被调查者的基本情况。被调查者的基本情况包括姓名、性别、家庭人口、文化程度、职业、工作单位、居住地区等项目。

2. 调查问卷的类型

（1）开放式问卷。即问卷所提的问题没有事先确定答案，由被调查者自由回答。这类问卷可以真实地了解被调查者的态度与情况，但调查不易控制，五花八门的答案很难归纳统计。

(2)封闭式问卷。即对于问卷内的题目,调查者事先给定了可供选择的答案或范围。这类问卷虽然呆板,但便于调查、统计。在问卷调查中用的较多的是封闭式问卷,尤其在拦截式调查中一般只能运用这类问卷。

3.调查问卷提问设计(以封闭式问卷为例)

(1)单项选择题。其答案是唯一的。优点是答案分类明确,但排斥了其他可能的存在。如:你购买方便面最重要的原因是什么?

方便 □　　好吃 □　　便宜 □　　营养 □　　无替代品 □

(2)多项选择题。其答案是多项的。优点是较多地了解了被调查者的态度,但统计时比较复杂。如:你购买方便面的原因主要有哪些?

方便 □　　好吃 □　　便宜 □　　营养 □　　无替代品 □

(3)是非题。答案简明清晰,但只适用于不需要反映态度程度的问题。如:你是否购买过康师傅方便面?

是 □　　否 □

(4)事实性问题。这种问题便于了解被调查者的行为事实。如:你一周购买几次方便面?

□次

(5)李克特量表。其是让被调查者在同意和不同意的态度之间进行选择。如:你认为 A 品牌方便面比 B 品牌方便面更好吗?

很赞成 □　　同意 □　　差不多 □　　不同意 □　　坚决不同意 □

(6)分等量表。其是让被调查者对事物的属性从优到劣分等进行选择。如:你认为 A 品牌方便面的口味如何?

很好 □　　好 □　　尚可 □　　差 □　　很差 □

知识链接:调查问卷设计应注意的问题

(1)围绕主题,重点突出。每一份调查问卷都是为了达到某一个调查目的而设计的,因此,调查问卷设计一定要围绕本次调研主题,突出重点,兼顾其他。

(2)问题排列须合理有序,并注意各个问题之间的逻辑性。所有项目应按其内容的逻辑联系顺次排列;问题宜设计成按先易后难的顺序排列。

(3)所提问题要客观,不要提出一些带有引导性和倾向性的问题。

(4)问题的设置应简明扼要,准确无误,浅显易懂;问题不宜过多、过散;回答问题所用时间最好不超过二十分钟。

(5)问题设计科学,便于电脑读入和进行数据处理。

第四步　实施调查（以街头拦截法为例）

街头拦截调查是指访问员在户外拦截被访者，进行甄别后即刻在现场进行访问的调查方式。该调查通常安排在星期六、星期日或其他节假日，以保证时间的充裕及街头的人流量。

活动顺序..

1. 做好准备工作。

2. 寻找调查对象。

3. 询问被调查者。

4. 收集被调查者信息。

🔍 知识链接：街头拦截调查的准备工作

要使街头拦截调查富有成效，须做好下列准备工作。

（1）全面了解问卷内容。一般来说，街头拦截调查往往会使被调查者措手不及，这就需要调查者进行说明，介绍调查的目的和内容。为此，调查者必须对问卷内容全面了解，只有熟悉了内容才能清晰、熟练地进行介绍，赢得调查对象的信赖。

（2）准备相关知识。不同的调研内容要有不同的相关知识的准备。当涉及某种商品或服务时，调查者要先通过图书馆和网络来查找相关的资料，有时还需要实地考察一番。比如，要调查一种服装产品的市场反应，就需要了解这种服装的面料、款式、价格、流通渠道等。对调查的事物有了先期的认识，才能对街头拦截调查胸有成竹。

（3）预先观察调查地点。正式实施调查前，调查者可到街头拦截的地点了解一下那里的环境、人流等情况，分析哪里是进行街头拦截调查的好地方。便于调查的地点一般是人流较多的购物、休息之处。

（4）检查调查所需的物品。一般调查需要带笔和供回答问卷的硬板等，调查者着装也要求整齐些。

（5）了解有关职业规则。在街头拦截调查中，调查人员应明确被调查者的权利与调查人员的义务。虽然我们的调查是课程项目实践教学，但也应遵守有关职业规则。被调查者的权利有：①自愿；②匿名；③了解调查人员的真实身份、调查目的、调查手段；④对未成年人调查须经监护人同意。调查人员必须履行的义务有：①不做出有损于市场调查行业声誉或让公众失去信心的举动，不探察他人隐私；②不能对自己的技能经验与所代表的机构的情况做不切实际的表述，不误导被调查者；③不能对其他调查人员做不公正的批评和污蔑;④必须对自己掌握的所有研究资料保密。

🔍 知识链接:街头拦截调查的具体操作

■ 街头拦截
式访问的
注意事项

(1) 准确寻找调查对象。仔细观察周围环境,寻找出可能会接受调查的目标。街头人群具体分两种,即行走人群和留步人群。留步人群比较好调查,找那些单独在一边休息或似乎在等人的对象,径直走上前去询问他们。对于行走人群,主要观察其是否是单独行走,步履缓还是急,手中是否提有过多的物品,神情是否轻松,等等。如果被拒绝,也要很有礼貌地说:"对不起,打扰您了。"对于小组调查来说,当第一位组员被对方拒绝后,第二位组员可以考虑在五分钟以后上前再去询问一次被调查者是否愿意接受调查。如果对方依然拒绝,就不能再有第三次询问。

(2) 上前询问,注意姿态。当判断路人可以作为调查对象时,就应积极地上前询问。上前询问的短短几步也是有讲究的,应该缓步从侧面迎上调查对象。整个行走过程,目光应对准被调查者。当决定开口询问时,应在被调查者右前方或左前方一步停下。

(3) 开口询问,礼貌应对。良好的开始是成功的一半,开口的第一句话很重要。在这句话中,要有准确的称呼、致歉词和目的说明。你可以说:"对不起,先生,能打搅您几分钟做一个调查吗?"良好的心态、微笑、得体的语言表达都要协调地配合在一起。

对于询问,调查对象会有许多种反应。第一种是不理睬你,这说明他对街头拦截调查极度拒绝,你向他致歉就可以结束了。第二种是有礼貌地拒绝,这时应当针对对方拒绝的借口进行回应,比如对方说没时间,可以应对说只需一点点时间。第三种可能是对方流露出一些兴趣,问你是什么调查。这时你要把握住机会,让对方看看调查问卷,并向他解释调查的内容,及时地递上笔。只要让对方接过笔,一般就能够让对方接受你的调查。第四种情况较为少见,即对方一口答应接受调查。

(4) 随步询问,引发兴趣。在应对行走人群时,让对方自动停下脚步是一个不错的切入点,这说明对方对你有兴趣。如果对方不愿停下脚步,你就需要跟随对方走几步,同时用话语力争引起对方的兴趣。切不可直截了当地要求对方停下脚步。一般跟随对方走出十米依然无法让对方停步,就应当终止。

(5) 小心收集被调查者信息,注意隐私保护。对于被调查者的信息资料,如姓名、年龄、住址、电话等,有时也需要在街头拦截调查中得知。对这一内容的调查要小心处理,在调查中要尊重他们的隐私保密权利,不能强求。在调查开始时,先要诚实地将自己的真实身份、调研目的、了解他们的基本资料的原因告知被调查者。同时向他们告知你的义务,询问他们是否愿意告知。只要处理得当,一般情况下被调查者都会愿意留下他们的信息资料。

（6）表示感谢，赠送礼品。当被调查者回答完所有问题后，应当浏览一遍，不要有所遗漏。然后向被调查者表示感谢，向其赠送小礼品，与其告别，并目送其离开。

街头拦截被访者还应注意下列事项：① 不要拦截一些有特殊障碍的人，如盲人、聋哑人、智障者、残疾人；② 不要拦截携带婴儿的被访者（除非有特殊需要）；③ 不要拦截那些看起来很匆忙（赶时间）的人；④ 不要在人们进入商店之前或他们在看商店前的橱窗时进行访问；⑤ 不要站在商店的通道或阻碍人群通过的购物中心进行访问；⑥ 注意不要擅闯私人地方；⑦ 记住在访问前要先打招呼，征求同意，拦截时不应过度感到歉意或不好意思，要有积极的态度。

知识拓展：抽样误差与抽样的方法

1. 抽样误差

在抽样调查中，通常以由样本得出的估计值对总体的某个特征进行估计，当两者不一致时，就会产生误差。因为由样本得出的估计值会随着抽取的样本不同而变化，即使观察完全正确，它和总体之间也往往存在差异。这种差异纯粹是由抽样引起的，称之为抽样误差。抽样误差通常会随着样本的增大而减小，有时与样本大小的平方根成反比。抽样误差在开始时随着样本增加而减小，但在一定阶段后便稳定下来。也就是说，在某一阶段后，采取增大样本而努力减小抽样误差的方法已不合适。

要减少误差，关键在于抽选好样本，应科学地确定抽取样本的方法，使抽取出来的样本能够真正代表总体；恰当地确定样本的数目；加强抽样调查的组织工作，提高工作质量。

2. 抽样的方法

（1）随机抽样。所谓随机抽样，就是完全排除人们主观的有意识选择，按照随机原则抽取样本，总体中每一个体被抽取的机会是均等的一种调查方法。随机抽样通常可细分为以下几种方法。

①简单随机抽样法。其也称纯随机抽样法，就是用纯粹偶然的方法从总体中抽取若干个体作为样本，抽样者完全不做任何有目的地选择的一种调查方法。

②分层随机抽样法。所谓分层随机抽样法，就是先将总体按与调查目的相关的特性分层，然后每一层再按一定比例简单随机抽取样本的一种调查方法。分层时，要尽量使各层之间具有显著不同的特性，而同一层内的个体则具有共性。分层抽样法可提高样本的代表性及对总体指标估计值的精确性，避免简单随机抽样中样本可能过于侧重某些特性而遗漏另外一些特性的缺点。

③分群随机抽样法。所谓分群随机抽样法，就是先将调查的总体按一定标准分成若干个群体，然后按随机原则从这些群体中抽取部分群体作为样本，对作为样本的群体

中的每一个体逐一进行调查的一种调查方法。分群随机抽样法所划分的各群体,其特性大致相近,而各群体内则要包括其他特性不同的个体。

④等距随机抽样法。所谓等距随机抽样法,就是先将总体样本进行编号,然后按一定抽样距离进行抽样的一种调查方法。

(2)非随机抽样。所谓非随机抽样,就是按照调查的目的和要求,根据一定标准来选取样本,也就是对总体中的每一个体不给予被抽取的平等机会的一种调查方法。非随机抽样通常可细分为以下几种方法。

①任意抽样法。所谓任意抽样法,就是随意抽取样本的一种调查方法,样本的选择主要根据调查人员方便与否和被调查者合作与否而定。此法适用于总体中各个体特性差别不大的情况。优点是使用方便,成本低,缺点是抽样偏差大,结果不可靠。

②判断抽样法。所谓判断抽样法,就是根据专家意见或调查者的主观判断来选定样本的一种调查方法。判断抽样法的优点是能适合特殊需要,调查资料的回收率也较高,缺点是易出现主观判断的误差。此法一般适用于样本数目不多的市场调查。

③配额抽样法。所谓配额抽样法,就是先将调查对象按规定的控制特性分层并分配一定的样本数目,然后由调查员按判断抽样的原则选取具体样本的一种调查方法。其优点是简便易行,成本低,没有总体名单也可进行。缺点是控制特性较多时,计算复杂,且缺乏统计理论依据,无法准确估计误差。

💬 实例示范

真维斯××市场店堂问卷调查方案

1. 调查目的和任务
(1)了解顾客的购买习惯。
(2)了解顾客对真维斯休闲服装的满意度和真维斯休闲服装的市场竞争力。
(3)收集顾客的意见,改善经营管理。

2. 调查对象和调查单位
调查对象为进入真维斯店铺的顾客,从中选取500位进行调查。

3. 调查方法
采用拦截调查法。

4. 调查人员
委托××大学商学院市场营销专业教师带领市场营销专业二年级10名学生开展调查。

5. 调查组织和调查进程
(1)培训:1月10日

（2）人员分工：10 名学生分为 5 组分别到指定的 5 家店铺对顾客进行调查，每组完成 100 份有效调查问卷，然后由×××老师负责审核、汇总和统计分析，起草调研报告。

（3）调查：1 月 12 日至 18 日

（4）资料整理、分析：1 月 19 日至 21 日

（5）调研报告撰写：1 月 22 日至 25 日

6. 调查费用

（1）礼品费：800 元

（2）交通费：200 元

（3）调查报酬：4000 元

调查费用合计 5000 元。

真维斯××市场店堂调查问卷

女士，先生：您好！

我是×××，××大学商学院的学生，为了解真维斯休闲服装的市场情况，以便为您提供更优质的产品和服务，特利用课余时间从事问卷调查，请给我们 10 分钟时间向您请教一些问题，谢谢您的合作。

（1）下列休闲服装品牌，哪些是您最经常购买的？请在相应的空格内打钩。

□班尼路　　□真维斯　　□佑威　　□苹果　　□佐丹奴

□堡狮龙　　□ESPRIT　　□无固定品牌偏好

（2）您通常在何时购买休闲服装（请圈出相应数字）？

①发现有我喜欢的产品时　　②发工资、奖金时

③当我需要替换时　　④新款上市时

⑤换季打折时　　⑥有促销活动时

（3）您认为以下各因素，哪一个品牌是最优的？请在相应的方格内打钩。

品牌	属性					
	价格	款式	面料	做工	商店陈设	服务质量
佑威						
真维斯						
佐丹奴						

（4）您认为真维斯适合以下哪个年龄层次的人穿着（可选多项）？

①15～20 岁　　②21～25 岁　　③26～30 岁　　④31～35 岁　　⑤36～40 岁

（5）当您想购买以下种类休闲服装时，您通常会选择哪一个品牌？请在空格内打

钩,一列打一个,并且勾出您从哪些渠道看到这些牌子的广告(每行可多选)。

品牌	种类					
	牛仔裤	休闲西裤	T恤	毛衣	衬衣	外套
佑威						
真维斯						
佐丹奴						

品牌	渠道					
	电视	广播	杂志	户外广告	商店招牌	网络
佑威						
真维斯						
佐丹奴						

(6) 您是否知道真维斯有热线服务电话?

□不知道　□知道,那您是否打过这一电话:①没有打过

②打过,是否满意:□满意　□不满意

(7) 对于以下真维斯的产品,请选择您认为合适的选项。

属性	种类								
	牛仔裤			T恤			毛衣		
	好	一般	差	好	一般	差	好	一般	差
款式									
品质									
价格									
裁剪									

(8) 以下各因素对您购买休闲服装的影响程度如何?

因素	没有影响	影响较小	影响一般	影响较大	重要影响
面料	1	2	3	4	5
款式	1	2	3	4	5
价格	1	2	3	4	5
做工	1	2	3	4	5
品牌	1	2	3	4	5
服务质量	1	2	3	4	5

（9）您对真维斯服装的满意度是（0～100 分）：_____。

如果您对真维斯服装不满意，您认为问题主要存在于以下哪些方面（可多选，但不超过三个）？

①款式　②面料　③颜色　④尺码　⑤做工　⑥价格　⑦服务质量　⑧其他，请注明：_____

（10）请您为以下品牌的各项目排序。

属性	品牌						
	佑威	真维斯	佐丹奴	班尼路	ESPRIT	苹果	堡狮龙
服装设计							
裤类							
T恤							
产品品质							
价位							
服务水平							

以下为您的私人资料，仅供调查分析之用，我们保证为您保密。

（11）您的年龄是：

□15～20 岁　□21～25 岁　□26～30 岁　□31～35 岁　□36～40 岁　□其他

（12）您的性别是：□男　□女

（13）您目前的学历是：□高中或职校　□大学或大专　□研究生及以上　□其他

（14）您目前的职业是：

□国有企业员工　□三资企业员工　□私营企业及个体工商业员工　□机关工作人员　□科研人员、教师、医生　□学生　□其他，请注明：_____

（15）您的年收入大约是：

□无收入　□3 万元以下　□3 万～5 万元（含 3 万元）　□5 万～8 万元（含 5 万元）　□8 万～12 万元（含 8 万元）　□12 万元及以上

您的姓名：_____　地址：_____　电话：_____

访问员：_____　访问地点：_____　时间：_____　问卷编号：_____

能力拓展

1. 各小组学生围绕所设模拟公司的目标顾客群的购买行为与特点，设定调查目的和项目，选择合适的调查方法，确定调查进程，设计调查问卷，完成调查计划的制订。

2.学生走出课堂,走向市场,以小组为单位开展实地走访调查,获取第一手资料。根据自己设计的调查问卷,组织一次街头拦截问卷调查,调查对象为问卷涉及的目标消费者,要求每个学生做好问卷调查的准备工作,掌握好访问调查的方法与技巧,在规定时间内完成10～15份问卷调查任务。

任务三: **撰写调研报告**

在市场调查中,收集的调查资料是大量的、零乱的,只能表明各个被调查者的具体情况,不能说明调查对象的总体情况。因此,需要审核调查资料的真实性和准确性,需要将资料分类、汇总成统计数据、制成图表,只有通过这样的途径才能获得可靠的信息资料,资料才能作为市场调研的分析依据,方便撰写调研报告。

营销调研报告是市场调研的终结和最终成果,是对影响企业营销的各种环境因素的调查结果进行客观陈述、提出调研结论的书面表现形式。它把调研结果、重要的建议、结论和其他重要信息传递给营销决策者,是调研结果被他人所知、所接受,便于他人利用的书面材料。营销调研报告是企业营销决策的依据材料,通过调研报告所提供的市场信息,企业才能把握营销环境状况,进行科学的营销决策。

工作步骤

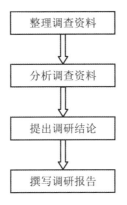

第一步　整理调查资料

活动顺序

1.整理、审核调查资料。

2.分类编码资料。

3.统计制表。

知识链接：如何整理调查资料

整理调查资料一般包括下列程序。

（1）整理、审核调查资料。整理、审核是为了发现资料的真假和误差，保证调查资料的完整和准确，达到去伪存真的目的。主要工作是检查是否有废卷和空白卷，不符合问卷调查要求的废卷和空白卷不能列为统计对象。对于存在问题的调查资料，应分不同情况进行处理。对于不完整的调查资料，如果存在大面积空白，应视为无效资料；若只是对少数问题未回答，则应设法补救。对于存在明显错误的资料，如果是完全虚假的，则应予作废；只是个别问题不实的，应设法补救，无法补救的，则将该问题作不详处理。

（2）分类编码资料。分类编码是为了使资料便于查找和利用。分类是指根据市场调查课题的需要，将调查所得资料按照一定的标准或标志分为若干个组成部分，以便深入研究。分类必须遵守抽样原则，并且保证分类的恰当性和资料的完整性。对不符合抽样原则的资料应予以删除，以免影响整体的正确性。如样本规定为已婚妇女才是访问对象，结果在分类时发现被访者是未婚女性，则应删除该样本。编码是指将各种类别的市场信息资料用代码来表示的过程。代码是用来代表事物的标记，可以用数字、字母或特殊的符号或者它们之间的组合来表示。编码是一项重要的工作，特别是在运用计算机管理的情况下。由于计算机是通过代码来识别事物的，所以编码是必不可少的环节。

（3）统计制表。统计制表是通过统计图、表形式表示各种调查数据，反映各种信息的相关经济关系或因果关系。经过制表的资料针对性强，便于研究和分析调查对象的基本情况和调查结果，提高了资料的适用性。

汇总统计的方式分为手工汇总和计算机汇总两种。如果调查资料比较少而且简单，则可以使用手工汇总方式，一般情况下则使用迅速而准确的计算机汇总方式。手工汇总需要先设计出统计表格，若是使用计算机汇总方式，则需要对资料进行编码，并把数据录入计算机内。

在个人统计数据的基础上还要进行小组统计，采用"累计"统计。数据统计应准确，便于正确计算百分比的"相对数据"。最后，把所有统计数据填写在统计图、表上，问卷数据填写应准确、规范、清楚，便于使用。表2-1是针对前述真维斯市场店堂调查中得到的数据制作的统计表，图2-5是针对该统计制作的柱状图。从表2-1和图2-5中可以看出：在相比较的品牌中，真维斯的购买率最高，有一定的优势，但差距不是很明显。

表 2 - 1　品牌购买率对比

统计项	真维斯	班尼路	苹果	佐丹奴	佑威	其他
人数/人	97	66	91	77	86	83
比例/%	19.4	13.2	18.2	15.4	17.2	16.6

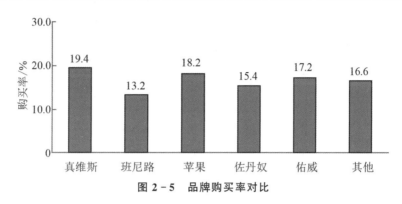

图 2 - 5　品牌购买率对比

第二步　分析调查资料

活动顺序··

1. 分析影响企业营销活动的主要环境因素有哪些。

2. 分析这些因素对企业的营销活动会产生什么影响。

3. 分析这些因素中哪些是有利因素,哪些是不利因素。

4. 分析它们各自的影响程度如何,它们各自出现的概率有多大。

对收集的资料进行分类整理后,运用回归分析、相关分析、因素分析、判断分析、聚类分析等分析方法,对影响企业营销的市场、消费者、竞争者、宏观营销环境及企业自身条件等资料进行客观、全面、准确的分析。

第三步　提出调研结论

营销调研的目的性很强,调研结果必须提出调研结论。调研结论就是在复杂、多变的营销环境中,分析市场机会与威胁,把握企业优势与劣势,找出企业营销的机会点和问题点,制定相应的对策。调研结论是调研报告最重要的部分,代表着调研报告人对前面整体分析的总结性意见,是整个营销调研的核心部分。

第四步　撰写调研报告

■ 调研报告
的撰写

营销调研最终要形成一份书面报告,营销调研报告是对影响企业营销的有关环境因素的调查结果进行客观陈述,提出调研结论的书面表现形式,是整个调研工作的文字化表现,也是调研结果被他人所知和所用的书面材料。

活动顺序···

1. 明确撰写任务。

2. 做好撰写准备。

3. 掌握撰写方法。

4. 按照营销调研报告格式要求,撰写调研报告。

知识链接:营销调研报告撰写准备

撰写营销调研报告是一个极为有益的学习机会,是在专业学习中检验所学知识并锻炼书面表达能力与技巧的宝贵机会,但也是一项艰巨的任务,为此要精心做好撰写准备。①及时准备案头资料。把搜集的资料、小组的讨论、个人分析意见及时汇总起来,整合为方案设计所需材料。②起草前要拟好详细的提纲。③撰写时间合理安排。需花费一定时间完成初稿,再经过修改校对,正式打印,设计封面,进行装订。这些撰写环节都需要一定时间,因此应合理安排。

知识链接:营销调研报告格式

1. 封面

(1)封面设计原则。封面设计应醒目、整洁,切忌花哨。字体、字号、颜色则应根据视觉效果具体考虑。

(2)封面制作要点。①标出委托方。如果是受委托的调研报告,那么在封面上要把委托方的名称列出来,如《××公司××调研报告》。②取一个简明扼要的标题。题目要准确而不累赘,使人一看就能明了。有时为了突出调研的主题或者表现调研的目的,可以加一个副标题或小标题。③写上日期。日期应以报告的正式提交日为准,要表示完整,如2017年11月28日。④标明报告人。一般要在封面的最下方要标出报告人姓名。报告人是公司的话,则应列出公司全称。

2. 前言

前言的作用在于引起阅读者的注意和兴趣,看了前言能使其产生急于看正文的强烈欲望。前言的文字不能过长,一般不要超过一页,字数可以控制在 500 字以内。其内容可以集中在以下几个方面。

(1)介绍营销调研委托情况。如:××单位接受××公司的委托,就××市场营销状况进行具体调研。

(2)叙述营销调研的目的。前言应重点叙述为什么要进行这次调研,即把此次调研的目的表达清楚,这样才能吸引阅读者进一步去阅读正文。

(3)调研组织安排情况。前言最后部分可以就调研的概况做介绍,即对调研时间、调研过程、调研组织、调研报告撰写分工情况进行简要的说明。

(4)调查分析结果摘要。该摘要中应说明此次调研和分析工作的成果和结论,以简洁明了的方式给予企业的有关经营主管或决策者所关心的信息,从而使其在经营决策中采取相应的措施。

3. 目录

目录中所标的页数不能和实际的页数有出入,否则会增加阅读者的麻烦,同时也有损调研报告的形象。尽管目录位于调研报告的前面,但实际操作过程中往往是等调研报告全部完成后,再根据调研报告的内容与页数来编写目录。

4. 正文

正文部分是调研报告的主体,是调研报告中篇幅最长、内容最多的部分,包括调查方法与步骤、样本分布的情况、调查表内容的统计、对调查结果的描述和分析、结论与建议等。在撰写这部分内容时,必须注意所写报告内容的充实性、真实性、顺序性。

(1)基本背景。介绍基本背景的目的是使读者对报告有所了解。它应该包括对报告一般目的和调研特定目的的陈述,还应包括调研的必要背景信息,如当前市场的总体情况、经济发展状况及趋势、市场状况等,给报告的阅读者一个基本印象。

(2)调查方法和分析方法。说明在调查和分析过程中所使用的方法以及做出这种选择的理由,描述是怎样进行调研的,对象是谁(或什么),以及采用何种方法达到目的。此外,还有必要交代使用这些方法存在的缺陷等。如果使用了二手信息,则需要注明信息来源。通常情况下调查方法部分不需太长。然而它应该提供必要的信息,使阅读者了解数据是怎样收集的、结论是怎样得出的。具体内容可以包括选择何种调查方法、如何确定样本、采用何种方式与方法收集问卷资料、资料的汇总和分析的方法、进度等。

(3)调查结果。结果部分是调研报告的主要内容,集中了调查中所获得的几乎所有资料和数据及相应的分析,既是原始资料又是分析。它从逻辑上表述调研的最终发

现,应该围绕调研目的进行组织。结果应以陈述形式进行表述,并配以图表,以进一步支持和加强对结果的解释。

(4)结论与建议。结论是以调查结果为基础得出的结果或决策,是对以上分析的进一步总结。建议是以结论为基础关于怎样推进工作的提议。建议不像结论,不仅仅局限于从调研项目中获取的信息,即关于企业、产业等情况的信息,因此,调研者应慎重地建议。

(5)调研与分析工作的总结。主要分析本次调研与分析成功在哪些方面,有哪些经验可以积累,不足在哪些方面、哪些阶段,是设计上的不足,还是操作上的不当,操作中以后再碰到此类问题应如何解决,以及本次调研分析结论的信度和效度如何,等等,主要是总结整个调研与分析过程中的得与失。这一部分使阅读者和使用者能充分了解此报告的价值(包括优势和劣势),从而更合理地利用该市场调研成果。

5. 附录

附录的作用在于提供调研客观性的证明,其中包括阅读者进一步研读所需要的但对报告数据来说并非必要的附加信息。因此,凡是有助于阅读者对调查内容的理解、信任的资料都可以考虑列入附录。但是,可列可不列的资料还是以不列为宜,这样可以更加突出重点。附录的另一种形式是提供所有与研究结果有关但不宜放在正文中的资料,如图表、附件、调查表、调查对象的名单、参考资料的索引和出处、特殊调查方法或分析方法的介绍、备注说明等。附录也要标明顺序,便于阅读者查找。

🔍 知识链接:营销调研报告内容

1. 宏观营销环境分析

(1)人口环境分析。人口环境及其变化对市场需求有着长久的影响,是开展营销的基本依据,是宏观营销环境分析的重点。人口环境分析的主要内容有人口总数、人口结构、家庭状况等。

(2)经济环境分析。经济环境分析是宏观营销环境分析的重要内容。市场规模的大小是由社会购买力决定的,而经济环境决定着社会购买力的大小。影响社会购买力的经济环境因素主要有以下几个。

①经济发展水平——人均 GDP。主要分析调查地区人均 GDP 水平,分析人均 GDP 与社会购买力、企业营销机会的内在联系。

②消费者收入水平。应对调查地区消费者的人均个人收入、个人可支配收入、个人可任意支配收入等进行分析。分析消费者收入水平与购买力、消费量的正相关关系。

③消费结构。消费者收入水平对消费支出和消费结构都会有重大影响。应对

调查地区的恩格尔系数进行分析,该系数对生活消费、市场购买、企业营销决策很重要。

④消费者储蓄。应分析调查地区的储蓄利率及其与社会购买力、企业营销的内在联系。

⑤信用消费。应对调查地区的信用消费状况进行分析,分析其对市场购买量的推进程度。

(3) 社会文化环境分析。社会文化是影响人们购买行为、欲望的基本因素。不同社会文化环境中,个人受教育的程度、生活方式、风俗习惯、价值观念都有明显差异,从而就有不同的消费习惯和购买特点。应对所调查地区消费者的民族、籍贯、受教育程度、价值观念、风俗习惯和宗教信仰进行分析,分析特定社会文化对消费者消费习惯、购买行为的影响。

(4) 政治法律环境分析。任何国家都要运用政治和法律手段对社会经济进行规范和干预。应对调查地区对企业营销有影响的经济政策、法律法规等进行分析。

2. 市场状况分析

(1) 产品特点分析。主要对企业将要进入某个市场的产品的类型、品种及其数量进行分析;对该产品的现有功能、工艺和采用的材料进行分析;对该产品的生命周期进行分析;对该产品的季节性、地域性等特点进行分析。

(2) 市场规模分析。市场规模是指整个目标市场的购买量,通常以市场销售总额和市场销售增长率表示。一般情况下,行业协会颁布和提供的是现期市场销售总额和现有销售增长率等信息资料,而预期的市场销售总额和市场销售增长率必须由企业自己来预测分析。

(3) 市场供求分析。市场供求分析的内容包括:①市场供给情况,进入该产品市场的生产厂商的数量;②主要的生产厂商的市场份额、品牌影响度和产品的差异性;③市场供求的整体格局,生产供给与市场需求是否适应。

3. 竞争对手分析

(1) 主要竞争对手分析。企业不可能与所有竞争对手抗衡,应分析出自己的主要竞争对手。一般来说,主要竞争对手包括:① 同一目标市场的品牌竞争者;② 与自己营销实力相当的竞争者;③ 对自己已经构成威胁的竞争者。应注意的是企业的威胁除了来自目标市场竞争者外,一些潜在的竞争者也有可能威胁到企业的生存。

(2) 竞争对手的产品销售分析。分析竞争对手销售的产品和自己企业的产品有何不同,消费者对竞争对手的产品品牌、包装评价、认可如何,分析竞争对手的销售额和市场占有率为多少,竞争有何优势,分析竞争对手的产品对自己企业的威胁程度及对策。

（3）竞争对手的目标市场分析。分析竞争对手的销售对象，竞争对手的产品主要销售给哪些客户，分析它们的市场定位与自己企业有何不同，不同之处在哪里，竞争对手的市场定位对自己的企业是否有威胁。

（4）竞争对手的营销战略与策略分析。分析竞争对手的营销目标是什么，其实施的是低成本战略、差异化战略，还是集中化战略，其战略对自己企业是否有威胁，分析竞争对手的产品、渠道、价格、促销等营销策略及其实施效果如何，其策略是否有优势，分析竞争对手对自己企业的威胁及其对策。

4. 消费者购买行为分析

（1）消费者构成分析。对调研课题涉及的目标市场进行分析，分析哪些消费者对企业产品感兴趣，已经或计划购买、使用该产品；分析这些购买者的职业、文化、性别、年龄和收入与市场购买量、企业市场占有率之间的内在联系。

（2）购买动机分析。分析目标消费群体的购买动机，分析消费者为什么购买、使用该产品，为什么不购买、使用该产品。购买动机的分析重点应从心理动机角度展开，分析这些动机对购买量的影响程度。

（3）购买特点分析。分析目标市场购买决策的参与者是哪些成员，各个成员的决策地位、作用如何；分析目标顾客购买习惯，何时购买，何地购买，购买方式如何，购买频率与购买数量为多少，购买的品牌是什么；分析这些购买特点对企业制定营销策略的价值。

（4）影响购买的信息渠道分析。影响消费者购买的信息渠道主要有四类：商业广告渠道，如广告、销售员、批发商、包装物、商品展示等；个人渠道，如家庭成员、朋友、邻居及其他熟悉的人等；公共渠道，如大众媒体、消费者评价组织等；个人体验渠道，如展示产品、试用产品、租用产品等。分析该目标市场消费群体影响力最大的信息渠道主要有哪些，企业营销工作该如何应对，从而影响他们的购买决策。

（5）使用感受分析。分析目标市场消费者对企业产品的性能、功效、包装、服务是否满意，使用后的具体感受怎样。使用感受反馈信息是企业改进产品、改善服务的重要依据。

5. 企业营销机会与对策分析

（1）分析企业能够获取的市场机会和面临的威胁。找出市场机会有哪些，即对企业营销开展的有利因素有哪些；找出市场的威胁有哪些，即对企业营销活动有重要影响的不利因素有哪些。

（2）分析企业的比较优势和劣势。分析企业的自身因素，比较市场竞争状况，尤其是主要竞争对手的情况,判断自己的优势和存在的不足。分析的主要内容有以下几个方面。

①企业营销资源。一般指企业的人力、物力、财力资源,如厂房、设备、自有资金、销售队伍等。

②企业营销能力。通过对产品销售量、销售增长率、市场占有率,产品功能、质量、款式、包装,产品价格,品牌形象等进行分析,来判断企业营销能力的优劣势。

③寻找企业营销机会与对策。企业营销机会点是从市场机会与企业优势中获得的。通过分析,争取把市场机会转化为营销机会,采取积极行动以抓住这一营销机会。企业营销问题点源自不利的市场因素和企业劣势,企业应及时采取有效的对策,克服自身弱点,改善不利的市场环境,变被动为主动。

🔍 知识拓展:营销调研报告撰写技巧

1. 寻找符合实际的理论依据

要提高报告内容的说服力,并使阅读者接受,就要为报告的分析观点寻找理论依据。事实证明,这是一个事半功倍的有效办法。理论依据要有对应关系,纯粹的理论堆砌不仅不能增强报告的说服力,反而会给人脱离实际的感觉。

2. 有力举例,论证观点

应通过大量、真实的调查材料来证明报告的分析观点。在调研报告中,一定要进行有力的材料举例以使人感到报告的充实、真实,这样才能增强说服力。为此,撰写调研报告要注重调查材料的运用,否则就不能称其为调研报告了。

3. 利用数字分析说明问题

营销调研报告是对企业营销实践环境分析的文件,其可靠程度如何是决策者首先要考虑的。报告的任何一个分析点都要有材料依据,而数字就是最好的依据。在报告中利用各种绝对数和相对数来进行比较、对照是必不可少的。要注意的是,各种数字最好都有出处以证明其可靠性。

4. 运用图表帮助阅读者理解

图表的主要优点在于有着强烈的直观效果,能有助于阅读者理解报告的内容,同时,图表还能提高页面的美观性。因此,运用图表进行比较分析、概括归纳、辅助说明等非常有效。图表的另一优点是能调节阅读者的情绪,从而有利于阅读者对调研报告的深刻理解。

5. 合理利用版面设计

版面设计包括字体、字号、字间距、行间距以及插图和颜色等。好的版面设计可以

使重点突出、层次分明、严谨而不失活泼。借助电脑文字处理功能,策划者可以先设计几种版面,通过比较分析,确定一种效果最好的设计,最后再正式打印。

6.注意细节,消灭差错

如果一份调研报告中错别字连续出现的话,阅读者不可能对报告的准确度有好的印象。因此,对打印好的调研报告要反复仔细地检查,不允许有一个差错出现,特别是对于企业的名称、专业术语、英文单词等更要仔细检查。

●●● 实例示范

<h3 style="text-align:center">邮储理财产品宁海市场需求状况调研报告</h3>

××学院　×同学

一、前言

随着经济的不断发展,普通老百姓的手中也开始慢慢积聚起越来越多的财富。眼下市场,投资渠道狭窄且风险巨大,再加上货币贬值,如何使手中这些千辛万苦才挣来的财富至少能够做到保值,并进而能够有所升值,成了当下普通老百姓最急迫也最头疼的一个问题。因此,银行理财业务也日益成为各家商业银行业务拓展的重点,理财市场这块蛋糕成了各家商业银行争夺的一个焦点。本调查从中国邮政储蓄银行(简称邮储)自身的服务特点和本人调查能力出发,通过调查宁海邮储普通客户对理财的需求,了解个人理财金融产品的客户特征(包括年龄、性别、收入、文化程度、家庭结构、家庭总资产等),以及潜在客户对个人理财金融产品业务的认知情况和消费行为倾向,挖掘不同特征的潜在客户的理财需求、风险偏好,从而为邮储从客户需求角度出发开发适销对路的理财产品提供意见和建议,让邮储的理财产品更有竞争力,进而发展和稳定客户群,提高邮储理财产品在浙江宁海这一市场的市场占有率。

二、调查概述

(一)调查目的与意义

此次调查旨在了解宁海邮储目标市场客户对个人理财的需求。通过调查宁海邮储普通客户对理财的需求,为邮储从客户需求角度出发开发适销对路的理财产品提供意见和建议。

(二)调研方法

为真实地了解宁海邮储目标客户的需求的具体情况,确保调查结果的公正、客观,真正做到从样本的数据中得到真实信息,了解客户真正的需求,本次调研主要采用问卷、访谈的方法来收集第一手现时资料,并通过观察法、文献法来做相应辅助,定性与定量研究相结合,使此次调研更具科学性和说服力。

本次调研的具体调研方法有以下几种。

(1)问卷调查法,通过统计分析,进行定量调研。

(2)访谈法,访问宁海二分之一的邮储营业网点内部的工作人员,收集第一手资料。

(3)观察法,定点选择一部分邮储营业网点,义务担任大堂经理,观察目标客户对理财产品或相关方面的需求。

(4)文献法,通过报刊查阅、网络搜索,收集相关信息与资料。

(三)调查项目

1.客户理财方式

2.理财信息来源

3.客户理财目的

4.客户需求倾向

5.客户投资喜好

6.客户风险偏好

(四)调查范围和对象

此次调研选择的范围是:

宁海县城区支局:北门营业所、中街营业所、电信大楼营业所、桃源营业所、金桥营业所、北湖营业所。

农村支局:东片——力洋支局、长街支局

西片——西店支局、大佳何营业所

北片——岔路支局、前童营业所

此次调研的对象是这12个营业网点的工作人员及随机选择的目标客户。

(五)调查时间

2013年4月30日—2013年5月25日

(六)调查样本情况

本调研采取随机抽样原则,共计发放问卷400份,收回问卷385份,有效问卷350份,无效问卷35份。

三、调查结果分析

(一)被访者基本信息分析

表1　调查对象样本结构

变量名称	条目	人数/人	百分比/%
年龄	25 岁及以下	39	11.2
	26～35 岁	56	16.0
	36～45 岁	120	34.3
	46～55 岁	74	21.1
	55 岁以上	61	17.4
学历	初中及以下	156	44.6
	高中	97	27.7
	大专	54	15.4
	本科	43	12.3
工作单位	务农	98	28.0
	行政事业单位或国有企业	56	16.0
	民营企业	90	25.7
	个体户	40	11.4
	待业或退休	66	18.9
家庭年收入	5 万元及以下	152	43.4
	5 万～10 万元(含 10 万元)	101	28.8
	10 万～20 万元(含 20 万元)	66	18.9
	20 万～30 万元(含 30 万元)	31	8.9

1. 年龄总体分布情况分析

从表1可以看出,本次调研的被访者年龄主要分布在 36～45 岁,这一年龄段的被访者占到调研人数的 34.3%;其次是 46～55 岁,这一年龄段的被访者占到调研人数的 21.1%;占比较低的是 26～35 岁和 25 岁及以下的被访者,比重为 16.0% 和 11.2%。综上所述,此次调研的被访者的年龄主要分布在 36～55 岁。

2. 学历差异分析

从表1中可以看出,在参与调查的被访者中,样本频数最高的是初中及以下学历的人群,占样本总数的 44.6%,其次是高中学历的(27.7%),我们调查的目标客户学历相对来说不太高,因此风险承受能力相对薄弱,选择的理财方式相对保守并且理财观念不强,大专及以上学历的占比是 27.7%,这些年轻人文化水平较高,相对理财观念也比较强。

3. 工作单位差异分析

由表 1 可见，在参与本次调研的所有客户中，工作单位分布具体情况如下：务农的所占百分比为 28.0%，行政事业单位或国有企业为 16.0%，民营企业为 25.7%，个体户为 11.4%，待业或退休的为 18.9%。此次调查中，务农和民营企业的客户占比最高，其次是待业或退休的、行政事业单位或国有企业和个体户。由此可见，占比较高的目标客户大多是工薪阶层或农民。

4. 家庭年收入差异分析

从表 1 可以看出，我们调查的邮储目标客户的家庭年收入占比最高的是 5 万元及以下，占 43.4%；其次，家庭年收入在 5 万～10 万元（含 10 万元）的占比是 28.8%，而家庭年收入在 10 万～30 万元（含 30 万元）的占比为 27.8%。由此也可以直观地看出客户对理财产品的购买能力较为有限，给理财产品的销售也增加了一定的难度。

（二）邮储理财产品市场现状分析

近年来，在广大投资者的热情推动下，理财市场规模迅速增长。截至 2012 年年底，国内商业银行理财产品余额超过 7.1 万亿元，全年募集资金规模流量达到 20 万亿元，大大超过了证券投资基金、信托产品和券商集合理财产品的募集规模，成为广大投资者实现财富保值增值的首选。随着居民对个人投资理财产品的需求日益增加，个人理财业务也随之成为银行、证券、保险、基金、信托、金融咨询等金融机构的竞争焦点。招商银行、中国工商银行、光大银行、中国建设银行等为增加利润来源，吸纳中高端客户资源，都加大了个人理财业务的发展力度，分别推出了"金葵花""稳得利""阳光理财""利得盈"等理财产品。为顺应市场需求，2012 年以来，中国邮政储蓄银行也陆续推出了"创富""天富""财富"等系列理财产品。

银行理财产品具有风险较小、收益较保本理财产品略高、抗风险能力较强的特点，符合了百姓的新需求。大多数商业银行的主推产品均是非保本类型产品，购买期限由 14 天至半年不等，主要集中在短期（100 天以内），收益率普遍维持在 4.0%～4.6%，发售周期由十多天至一个月不等。随着居民和公司财富管理意识的增强，短期理财产品作为活期存款的替代投资项目已经日渐被接受，由于资金占有周期短、收益回报率较高，短期理财产品的市场需求较为旺盛，已经成为各期限产品中最受关注的投资品种。

在各家银行激烈竞争之下，银行理财产品的收益率被不断抬高。与 2012 年预期收益率在 3.0% 以下的产品占据主导地位不同的是，2013 年这类产品占比大幅下降，其占比已经由 2012 年的 65.0% 萎缩至今年的 25.0%，而预期收益率在 3.0%～5.0% 的产品占比大幅提升，占比达到 63.6%，占据主导地位。邮储银行的理财产品的预期收益率大多在 2.0%～5.0%。

与同业相比，邮储银行的理财产品投资范围限于低风险的金融产品，包括国债、央

行票据、短期融资券、优质企业信托融资项目等,所有投资的资产均经过反复严格筛选,以确保理财本金安全和收益稳定。

(三)邮储理财产品购买者及产品分析

理财群体之一:普通上班族。普通上班族拥有稳定的收入来源,现已成为理财市场主要的投资者。近年来,邮储推出的"财富债券"大众理财品牌逐渐深入人心,满足了普通大众对理财产品兼顾投资收益和风险的要求。目前,市场上专门为这类投资者提供了认购渠道,即通过网上银行认购专属理财产品,实现错峰理财。如今各大银行都加大了对网上银行理财产品的推广力度,推出了在夜间就可以通过网银进行投资理财的服务。例如,邮储就不定期推出夜市理财产品,这部分网上销售的产品相对柜面销售的产品来说,一般具有更高的收益率,且能错开白天的上班时间。"理财夜市"越来越受到上班族的青睐。

理财群体之二:城乡普通客户和小商户。城乡小商户对资金的灵活性要求较高。为满足这一类投资者的流动性需求,各大银行推出了各类期限灵活的理财产品,如邮储银行的财富"日日升""鑫鑫向荣"等开放式理财产品,就可供投资者随时认购、赎回。邮储银行财富"日日升"实现了赎回资金的实时到账,财富"鑫鑫向荣"能按照存续期限匹配收益率,既满足了投资者对收益的要求,也保证了灵活性,很好地满足了这一类投资者的理财需求。

理财群体之三:高级白领。城市高级白领收入丰厚,已经成为高端理财市场的主要投资者。邮储银行目前针对高净值客户推出了"邮银财富御享"专属理财产品。从产品属性上来看,其安全性、流动性和一般的固定期限类理财产品无异,但设定的认购起点较高,可以让投资者尊享高于同期限理财产品的收益。具体而言,该类理财产品的收益较一般产品能高出0.5~1.0百分点,可满足该类投资者对投资收益更为关注的需求。

总之,邮储的这些理财产品预期收益率相较存款更高,投资风险相较股市更小,较好地补充了低收益、低风险的银行存款和高收益、高风险的股票投资之间投资工具的空白,具有广泛的市场需求基础,因而成为不少投资者资产保值增值的理想工具。

(四)宁海邮储客户理财需求及行为特点分析

1.目标客户对邮储理财产品的关注度分析

通过调查发现,被调查的目标客户中有61.0%对邮储理财产品是不了解的,在他们的观念中理财跟他们无太大关系,所以没有兴趣;有32.0%通过各种信息渠道了解邮储理财产品,但因为自身达不到购买邮储理财产品的门槛或考虑到邮储理财产品的风险,没有对其深入了解而没有购买;有7.0%的目标客户是非常了解并已购买邮储理财产品的(见图1)。

由此可见,宁海邮储网点的很大一部分目标客户对理财是不敏感的,只要邮政储蓄

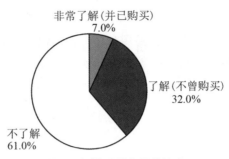

图 1　邮储理财产品关注度

代理网点不断让客户了解理财信息并努力培养潜在客户的理财意识,相信这 61.%的潜在客户是可以被开发的。

2.目标客户理财方式分析

在接受问卷调查的客户中,81.4％的目标客户的理财方式是银行储蓄,因此储蓄还是目标客户主要的理财方式。有 45.3％的目标客户认为在居高不下的房价下,投资房产是很好的理财方式。有 43.6％的目标客户选择的是民间借贷方式理财,这种特殊的投资方式是跟宁海当地非常盛行的"入会"有关,实地访问中有客户说这种投资方式有"日日会""半月会""月月会"等,这种理财方式实属非法集资,但由于收益高,外加入会的大多是熟人或亲戚朋友,所以他们自认为其是稳定的,其实在宁海当地有很多会的"会头"卷走几千万元巨款潜逃,因此该投资方式的风险是极大的。这部分投资者大多贪图高回报,没有风险意识,直到风险发生了才会意识到问题的严重性。38.9％的目标客户选择的理财方式是购买保险,大多数客户是接受银行工作人员的推荐购买了分红保险和投资连结保险以及年金险等,这些保险型理财产品除具有保障功能外,都具备较强的投资储蓄功能。还有一部分客户选择的理财方式是投资债券或基金、黄金、股票/期货等(见图 2)。从以上调查结果可以看出,当前目标客户的投资方式日益多样化,邮储工作人员要时刻了解目标客户对理财产品的需求点才能更好地推广邮储理财产品。

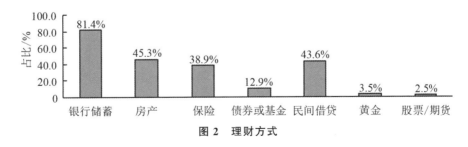

图 2　理财方式

3.目标客户理财信息渠道分析

对目标客户了解理财产品行情以及理财产品信息的渠道调查分析得出,目标客户

通常采用的三种渠道是：咨询银行工作人员（69.7%）、网络（58.3%）、报纸杂志（45.6%）（见图3）。由于网络的普及，很多客户在咨询银行相关人员的基础上还会在网上了解、比较各银行的理财产品，但绝大部分的邮储客户的第一选择是咨询银行工作人员，这就要求银行工作人员熟悉金融理财产品并耐心向客户说明理财产品的风险和收益。

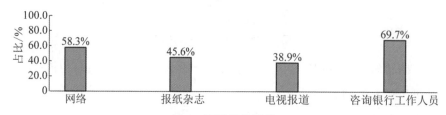

图3　理财信息渠道

4. 目标客户投资理财的目的分析

要了解客户的投资偏好，首先需要了解客户进行投资理财的目的。对目标客户投资理财的目的进行分析后发现，有42.0%的目标客户的目的是家庭储蓄，可以看出客户最看重的依旧还是资产的保值性，其次才是增值性，这可能与我国传统思想有关。有23.8%的客户的目的是资产长期保值或增值，有20.4%的客户的目的是保障家人教育、医疗、养老（见图4）。基于这三种理财目的的分析发现，客户比较追求资产的稳定性与增值性，并且随着年龄的增长和月平均收入的增多，我们发现客户生活投资理财的比例减小，资产保值、增值投资的比例增大，在当下这个老龄化的社会中，客户"养儿防老"的观念正在慢慢发生着变化，很多客户希望通过理财的方式达到保障家人教育、医疗、养老等目的。

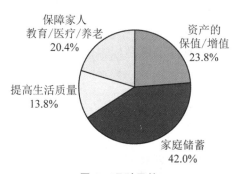

图4　理财目的

根据上述对被访者的理财目的的分析，邮储银行应该根据客户的理财目的，设计出相应的个性化的理财金融产品，以满足潜在客户的理财需求。再者，强调家庭理财概念，把家庭作为理财的切入点，可能会有新意。在家庭的框架内，理财产品可以涉及新婚、生育、小孩的教育、成长、立业、退休等，沿着这样一个思路，邮储银行开发的一系列产品就可以很丰富、很灵活。

5.目标客户投资理财影响因素分析

由图5可知,投资理财目的会影响客户的投资选择,外部的其他因素也会影响其投资理财行为。通过对客户投资理财行为的影响因素调查发现,选择投资风险因素的客户占85.0%,这个变量是客户购买理财产品影响因素中占比最大的一个,由于邮储的目标客户遍布城乡,以农民和工薪阶层客户为主,这部分客户理财意识不强并且对投资理财不了解,对风险的承受能力较弱,他们倾向于"回报率一般、风险小"的理财产品,安全性是他们选择个人金融理财产品时考虑的首要因素。69.0%的客户对预期收益率是很看重的,客观地讲,客户投资主要就是为了回报,理财的目的也就是让自己的资产得到保值和增值。59.0%的客户认为"起购金额"是投资理财的影响因素,在实地调查中我们发现,很多理财产品是有起购金额的,大多数是5万元,而邮储的客户大多是农民和工薪阶层,其资金能力薄弱,投资理财受到了极大的限制。46.0%的客户对投资是否保本很在意,和投资风险这个影响因素一样,是否保本意味着投资风险的大小,这个因素不仅关系客户的收益,还关系到客户的本金。由于目标客户的受教育程度大多不高,知识面不广,自身没有投资喜好,对投资环境相对不了解,因此"投资喜好""投资环境"这两个因素只占了12.0%和35.0%。

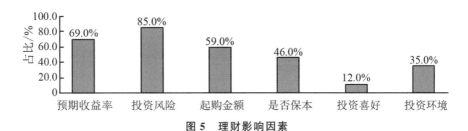

图5　理财影响因素

6.目标客户希望了解的理财工具分析

通过对客户期望了解的产品或理财工具进行调查发现,保险(56.2%)、股票或基金(53.9%)、黄金(46.8%)是客户最希望了解的三种理财工具(见图6)。从这个调查中我们也不难发现,虽然邮储目标客户偏好稳定、保障高的投资理财工具,但是在面对市场中那些新兴的理财工具时,他们也是非常想了解这些理财工具的,这就要求邮储银行理财经理全面了解银行个人业务的各项产品和功能,诸如储蓄卡、信用卡、个人信贷等,还应掌握资本、证券、保险、投资、期货、房地产等相关金融知识,即全面掌握银行业务的同时又具备各种投资市场知识,既懂得营销技巧,又通晓客户心理。这也为邮储银行理财经理提出了一个前进的目标。在个人理财业务竞争激烈的当下,要想取得竞争地位,就需要了解客户想了解哪些方面的信息,只有从这些信息中发现客户的需求点,才能更好地为客户提供多样化的理财产品。

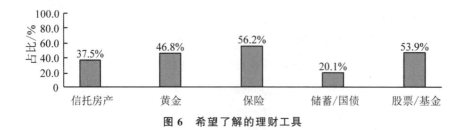

图 6　希望了解的理财工具

7. 目标客户在选择理财业务时的注重点分析

通过调查了解发现,目标客户对理财业务的注重点主要是理财产品本身的占25.0%,注重服务质量的占23.0%,其次是专家理财水平和网点数量,分别占18.0%和16.0%(见图7)。由此可见,客户在选择理财业务时最看重的是理财产品本身给其带来的收益,其次对银行工作人员的服务也提出了很高的要求。邮储客户遍及城乡,还有很多是外来打工者,他们在网点数量方面也提出了要求,希望网点数量越多、越方便,邮储银行可以满足其这方面的要求,这也有助于邮储银行不断扩大和占领目标市场。此外,被访客户中有一部分很注重专家理财水平和银行品牌以及银行理财产品的创新意识。客户对理财产品认识程度有一定提高后,除了关注产品收益率和购买期限,也开始关注资金投资方向以及产品风险。

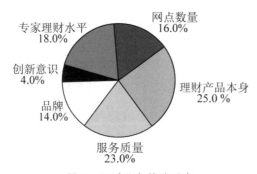

图 7　理财业务的注重点

8. 邮储在个人理财业务上存在的问题分析

由图8可知,有69.3%的目标客户认为邮储理财产品比较单一,他们所接触到的邮储理财产品一般都是银保产品,如生命人寿红上红F款两全保险、合众人寿的合众福满长红两全保险(分红型)、信泰人寿爱驾险等。有64.5%的目标客户认为邮储的理财经理水平有限,没有其他银行的理财经理专业。经调查了解,宁海邮储金融代理网点中专设理财经理的网点不到20.0%,大都是营业员兼理财经理,这些营业员中有保险代理人资格证书、证券从业资格证书的不足50.0%,并且营业员对理财知识的掌握不够全面,这给网点销售理财产品带来了很大的制约。再者,在营业网点的系统上不能直接申购国债、基金等产品,必须通过网络和网银等才能完成交易,这些也是阻碍邮储理财产品推广的因素。这些因素导致部分目标客户认为邮储理财产品比较单一。有 48.6% 的目标客户认为邮储网点的环境不够好。宁海县邮政局有 16 个邮政支局所、28 个邮政营业网点,可以说网点遍布城乡,但在人员配置上却存在着很多弊端,绝大部分网点特别是很多农村支局都没有设大堂经理和保安,也没有清洁人员,设备和门面比较简陋,这会给很多客户留下脏、乱、差的印象。由于邮储在个人理财业务上的发展比较滞后,在很多方面都缺乏竞争力,所以有 28.9% 的目标客户认为邮储理财产品收益不明显,不及其他银行的产品丰富,可选择性不强。

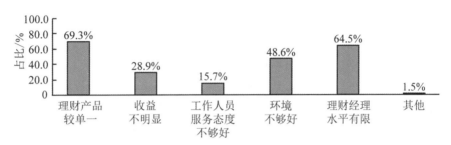

图 8　邮储个人理财业务存在的问题

综上,邮储不管是在人员素质上还是网点设施上都还有待提高。

四、调查结论与建议

(一)银行储蓄始终是中低端客户的首要选择

随着年收入的上涨,投资债券、股票的需求增多,说明目前客户的理财方式日益多样化。而客户了解理财产品通常通过三种渠道:银行工作人员、网络、报纸杂志。咨询银行工作人员依然是客户的第一选择,这就要求银行从业人员熟悉金融理财产品并耐心向客户说明。现阶段家庭储蓄、保障家人教育/医疗/养老、资产长期保值/增值是客户主要的投资理财目的,高储蓄意味着其他投资方式的相对匮乏,从中我们也可以发现客户比较追求资产的稳定性与增值性。投资风险、预期收益率、起购金额是影响客户投资理财的三大因素。客户关注理财产品的三大焦点问题是:理财产品本身、服务质量以及专家理财水平。

(二)目标客户选择的理财方式多样,需求点相似

不同年龄段的目标客户对银行储蓄的选择占到很大的比重,其次是房地产投资,排第三位的理财方式是民间借贷,再次是购买保险,由此可见,客户对以上几种理财方式的需求是较高的,这种需求反映出客户更倾向于安全性较高的产品,并且很重视该投资的长期保值、增值性。客户在投资理财产品时都是比较理性的,不仅看重收益情况,也考虑自己的风险承受能力。但针对宁海普遍存在的"入会"现象,邮储银行工作人员要正确引导客户,劝阻其参加法律上不允许的非法集资活动,要说明这种行为存在的风

险,告诫此类客户不要贪图高收益而吃大亏。对邮储理财产品需求最明显的客户是36～45岁年龄段的客户,因此,银行应该加大力度对这一年龄段的客户进行理财产品的推广。

（三）目标客户对银行的理财要求提高

收入较低的目标客户最希望能够了解保险产品、储蓄或国债、股票或基金这三种理财工具;中等收入的客户最希望了解黄金或期货、股票或基金、信托这三种理财工具;较高收入的客户最希望能够了解股票或基金、房产、黄金或期货这三种理财工具。银行应能为不同收入层次的客户准备不同的理财服务。

（四）目标客户注重银行理财人员的专业性

首先,邮储工作人员要不断加强自身建设、完善理财团队的培养,这也是邮储开发理财产品、发展产品市场的当务之急。其次,网点人员配备要到位,理财经理的配备是网点理财业务发展的保障,县局和支局应因地制宜,通过内部选拔和外部引进相结合的方式,设置专兼职理财经理,切实保障支局网点正常的理财产品推介工作,满足客户的理财需求。当下,邮储理财经理面临的另外一个重要问题是知识的储备与更新。邮储银行应建设多种形式的理财业务学习与交流平台,如网上课堂、金融理财论坛及理财知识资源库等。这些平台至少应包括以下内容:一是经济学、财务学、投资学等基础课程的视频辅导材料;二是金融营销、客户管理、金融产品比较与组合、理财法律等方面的基础知识;三是理财规划的过程以及现金规划、消费支出规划、教育规划、风险管理与保险规划、税收筹划、投资规划、退休养老规划、财产分配与传承规划等方面的课程。同时,应将上述学习内容与理财经理考取资格证书取得结合起来,为理财经理提供学习、进修、考证等服务,让每个理财经理根据自身情况自发学习、自主学习,与邮储金融理财业务一同成长。

（五）营业网点应注重理财产品的信息传播,加强客户的细分与维护

客户就是资源,营销的过程就是争取客户的过程,所以邮储营业网点要加强对客户的研究与开发。每一个网点都要建立客户档案资料库,内容要尽可能详尽。要在此基础上加强对客户资料的分析,细分客户种类,有针对性地开展上门营销、电话营销、短信营销。宁海县邮政局下设两部一室,有16个邮政支局所、28个邮政营业网点、34条城区投递邮路、52条农村投递邮路和2条汽车投递邮路,邮政投递服务工作遍布全县各乡镇、农村。因此,邮储可以借助每天直接与老百姓接触的信息传播渠道,在自身网点宣传理财产品信息的同时,借助庞大的投递系统的工作人员(投递员)向老百姓传播邮储理财产品的信息,进一步加强和客户的沟通。只有向目标客户大量宣传邮储理财产品,专业的理财经理再对一些优质客户提供套餐化营销,邮储才能不断影响和树立客户的理财观念,才能不断扩大目标客户群体。

（六）从客户需求出发推出适销对路的理财产品

从调研结果分析,邮储网点的目标客户注重风险小、投资回报稳定、起购金额适中的理财产品。短期的、低起点的理财产品更适应目标客户的需求,因此邮储应更注重此类理财产品的开发和推广。

能力拓展

1. 各小组学生围绕所设模拟公司的目标顾客群的购买行为与特点进行问卷调查,对调查所获资料进行整理、分类统计、图表分析,并初步提出调查结论。

2. 在此基础上,小组成员分工合作,以小组为单位完成市场调研报告。要求学生综合运用市场调研与营销环境理论,充分运用调查数据和资料,针对本小组模拟市场开发项目的市场状况、消费者、竞争者、宏观营销环境和企业营销机会进行全面、深入分析,得出正确结论,掌握市场营销调研报告的内容、格式与撰写技巧。

自测题

一、判断题

1. 企业的市场营销环境包括宏观环境和微观环境。（　　　）

2. 企业可以按自身的要求和意愿随意改变市场营销环境。（　　　）

3. 宏观环境是企业可控制的因素。（　　　）

4. 文化对市场营销的影响多半是直接的。（　　　）

二、单选题

1. 市场营销环境中（　　　）被称为一种创造性的毁灭力量。

A. 新技术　　　　　　　　　　B. 自然资源

C. 社会文化　　　　　　　　　D. 政治法律

2. 理想业务的特点是（　　　）。

A. 高机会、高威胁　　　　　　B. 高机会、低威胁

C. 低机会、低威胁　　　　　　D. 低机会、高威胁

3. 协助厂商储存并把货物运送至目的地的是（　　　）。

A. 中间商　　　　　　　　　　B. 财务中介

C. 营销服务机构　　　　　　　D. 实体分配公司

4. 根据职业、收入等划分的,按层次排列的具有同质性和持久性的社会群体构成（　　　）。

A. 社会公众　　　　　　　　　B. 相关群体

C. 社会阶层　　　　　　　　D. 同质市场

5.市场调查首先要解决的问题是（　　　）。

A. 确定调查方法　　　　　　B. 选定调查对象

C. 明确调查目的　　　　　　D. 解决调查费用

6.只有当现有间接资料不能为认识和解决市场问题提供足够的依据时，才实行（　　　）。

A. 文案调查　　　　　　　　B. 实地调查

C. 面谈调查　　　　　　　　D. 邮寄调查

三、多选题

1.下列属于市场营销微观环境的是（　　　）。

A. 辅助商　　　　　B. 政府公众　　　　　C. 人口环境

D. 消费者收入　　　E. 国际市场

2.人口环境主要包括（　　　）。

A. 人口总量　　　　B. 人口的年龄结构　　C. 地理分布

D. 家庭组成　　　　E. 人口性别

3.影响消费者支出模式的因素有（　　　）。

A. 经济环境　　　　B. 消费者收入　　　　C. 社会文化环境

D. 家庭生命周期　　E. 消费者家庭所在地点

4.以下属于宏观营销环境的有（　　　）。

A. 公众　　　　　　B. 人口环境　　　　　C. 经济环境

D. 营销渠道企业　　E. 政治法律环境

5.营销中间商包括（　　　）。

A. 中间商　　　　　B. 物流公司　　　　　C. 营销服务机构

D. 财务中介机构　　E. 供应商

6.调研计划包含的内容有（　　　）。

A. 确定资料来源　　B. 安排调查对象　　　C. 确定调查方法

D. 确定调研目标　　E. 确定人员和费用

7.调研报告包括（　　　）。

A. 封面　　　　　　B. 前言　　　　　　　C. 目录

D. 正文　　　　　　E. 附录

四、简答题

1.市场营销环境有哪些特点？

2.微观市场营销环境和宏观市场营销环境的区别是什么？

3. 根据面临的市场机会与环境威胁的不同,企业业务可划分为哪几种类型? 分别采取怎样的营销对策?

4. 简述市场调研的流程。

5. 简述问卷设计的基本原则。

6. 简述市场调研报告的写作要求。

项目三

商略制定

教学目标

能力目标	知识目标
(1) 能够进行背景行业的市场细分 (2) 能够在市场细分的基础上为模拟公司合理地选取目标市场 (3) 能够对模拟公司的目标市场进行明确的市场定位	(1) 掌握市场细分的变量和方法 (2) 掌握目标顾客选择的程序和方法 (3) 掌握市场定位的程序和方法

工作任务

小李的品忆艺术培训有限公司立足杭州市下沙高教园区,准备进一步向杭州市其他区域拓展。在商情调查基础上,小李准备制定公司的营销战略,这就需要认真地细分音乐培训市场,在此基础上选择目标市场,并确定明确的培训服务定位。

任务分解

小李要制定有利于公司良性发展的"商略",即市场营销战略,应完成以下各项任务。

任务一:细分市场

任务二:选择目标市场

任务三:明确市场定位

任务一:细分市场

在市场上,消费者数量众多,分布太广,不同的消费者通常有不同的需求和购买习惯。消费者需求的差异性使得任何企业不可能为市场中所有的消费者服务。通过市场细分,企业易于发现未被满足的消费需求,找到市场的空白点,从而正确地选择目标市场,有针对性地开展营销活动。

工作步骤

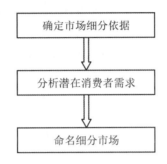

第一步　确定市场细分依据

活动顺序

1. 确定音乐培训整体市场的范围。
2. 确定音乐培训市场细分的依据。

知识链接：市场细分

市场细分是指根据消费者在需求上的各种差异，把整体市场划分为在需求上大体相似的若干个市场部分，形成不同的细分市场，即子市场。

企业需要依据开发的项目来确定整体市场范围。由于整体市场的确定具有"相对性"，企业就要针对自己所进入的市场情况来确定整体市场的范围。在此基础上，选择一定的细分依据来设计"市场细分表"。一般来说，消费者市场常用的细分依据，即市场细分必须考虑的因素主要有地理、人口、心理、行为。

■ 市场细分策划

知识链接：消费者市场细分因素

市场由消费者组成，消费者可能在一个或者多个方面各不相同，比如欲望、居住地、购买态度和购买行为。市场营销人员必须单独或者综合考虑消费者市场细分因素（见表 3-1）或组合，以便找到最佳的分析市场的方法。

■ 市场细分及划分标准

表 3-1　消费者市场细分因素

细分依据	细分变量因素
地理因素	地域、地形、气候、城乡、城市规模、人口密度、交通等

续　表

细分依据	细分变量因素
人口因素	年龄、性别、家庭人口数、家庭生命周期、收入、职业、受教育水平、宗教信仰、种族、国籍等
心理因素	生活方式、社会阶层、个性、购买动机、偏好等
购买行为因素	追求利益、使用时机、使用者状况、使用频率、品牌忠诚度、对产品的态度等

1. 地理因素

地理因素细分是指将消费者活动的地域环境作为细分市场的依据。这种细分需要考虑的因素主要有地理位置、城市规模、气候条件及人口密度等。地理因素是在市场细分中应用很广的变量,特别适用于那些并不指望吸引广泛分散的顾客的中小规模的市场营销活动。其主要理论依据是:处在不同地理位置的消费者有不同的需要和偏好,他们对企业所采取的市场营销战略及措施的反应也有所不同。比如北方人喜面食,南方人习惯吃米饭,企业需要针对不同的消费者的不同需求和偏好,采取行之有效的方法开展营销活动。

2. 人口因素

■ 市场细分变量之人口因素分析

人口因素是最常用的细分消费者群体的基础变量,原因是消费者的需求、愿望随人口因素的不同而变化;同时,人口因素比其他因素更易于测量。市场细分需要考虑的人口因素有性别、年龄、家庭人口、收入、职业、教育、民族、文化程度等。男女消费的差异在服装、化妆品和杂志等领域表现尤为明显。在按年龄进行市场细分时要注意根据人口统计资料了解人口年龄分布,以掌握不同年龄段人口的数量和比重,确定市场容量的大小;根据家庭进行市场细分时,家庭人口的数量是细分市场的重要切入点;收入作为市场细分变量在汽车、游艇、服装、化妆品、旅游等领域早就被产品和服务的商家使用了。

3. 心理因素

■ 市场细分变量之心理因素分析

在市场细分时,人们发现,同年龄、同性别,甚至受到同等教育或同一地区的消费者,他们对商品的爱好和评价也有所不同,这主要就是心理因素的影响。如人们的生活方式不同,消费倾向和需要的商品也不一样。生活方式与消费者的经济收入、文化素养、价值观念有很大关系,营销者只有准确把握不同的生活方式的特征及相关消费群体的特点才能达到预期的营销目的。比如美国的服务公司专门针对美国妇女的生活方式,把妇女分为朴素型、时髦型和职业型。心理学家认为,具有不同性格的人,消费需求及购买行为的差异也很大。如性格外向的人购买情绪型商品较多,而性格内向的人则注重实用类商品的购买。独立性较强的人,自己决定购买何种商品或服务,受外界影响较小;而依赖性较强的人,则经常受外界因素的影响。

4.购买行为因素

购买行为因素一般包括购买频率、购买状态、购买动机以及对厂家的信赖程度等。营销者要根据消费者购买时机、消费者追求的利益、消费者使用状况、消费者忠诚程度等行为因素来细分市场。比如从购买时机角度来讲,空调、冷饮、墨镜等产品显然有一个夏季的消费者细分市场,而电暖气、羽绒服等则有一个冬季的消费者细分市场;从追求利益角度来讲,有的消费者追求商品物有所值,有的则追求高品位的商品,等等;从使用状况角度来讲,可以将消费者分为非使用者、未使用者、潜在使用者、首次使用者和经常使用者等,实力雄厚的大公司一般注重培养长期用户,营销重点是潜在的用户,而中小公司一般以经常使用者为对象,营销重点在于稳定本产品的消费群体;从忠诚度角度来看,可以将消费者分为单一品牌忠诚者、几种品牌忠诚者、品牌忠诚转移者和无品牌偏好者,深入调查品牌忠诚度能够让营销者采取有针对性的营销策略。

第二步　分析潜在消费者需求

活动顺序...

1. 列举音乐培训市场潜在顾客的基本需求。

2. 分析音乐培训市场潜在顾客的需求差异。

3. 排除音乐培训市场潜在顾客的共同需求。

企业选定产品的市场范围以后,可以通过"头脑风暴法",从地理因素、人口因素、心理因素和购买行为因素等方面出发,大致推断潜在消费者的基本需求。在此基础上,对潜在消费者进行抽样调研,并对其需求变数进行评估,从而了解其共同需求及其需求差异。其中,共同需求固然重要,但它们只能作为营销策略组合的参考,不能作为市场细分的依据。企业需要排除其共同需求,为最后形成独特的市场定位奠定基础。

第三步　命名细分市场

活动顺序...

1. 确定小李的艺术培训公司的细分市场。

2. 命名小李的艺术培训公司的细分市场。

3. 描述小李的艺术培训公司的细分市场。

企业通过各种方式收集顾客对产品的需求状况、对产品属性等级的评估、对品牌的态度及人口因素、行为因素、心理因素等信息后,需要对收集的顾客信息进行归类、分析,筛选有价值的信息,用重要的细分变量对顾客进行分类,并对细分市场中的消费者群体进行简要描述。接下来可以根据确定的市场细分标准,制作"细分表",填入有关数据和市场资料,对各细分市场进行命名。细分标准的填入应注意按次序排列,一般来说应按这样的次序排列:地区、性别、年龄、职业、收入、使用情况、品牌偏好。然后根据所列细分标准的次序填入各细分市场的有关数据和市场资料,要注意各细分市场必须有显著的差异性。

练一练

根据具体资料,依据所列细分标准次序完成细分表(表 3 - 2)的资料填入,表示各细分市场的具体情况,要特别注意细分市场的差异性。

表 3 - 2　品忆公司音乐培训市场细分表

地区	性别	年龄	职业	收入/元	使用情况	品牌偏好
浙江						

任务二: 选择目标市场

企业进行市场细分的目的就是选择目标市场。目标市场是指企业经过市场分析、比较和选择决定进入的细分市场。目标市场是一个消费者群体,他们有共同的需求或特点,公司也正是为这些需求来服务的。正确选择目标市场,是目标市场营销战略成功的关键步骤。

工作步骤

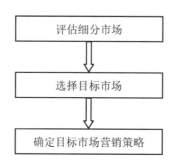

第一步 评估细分市场

活动顺序 ···

    1. 估算细分市场潜在规模及其增长速度。

    2. 分析市场的竞争结构。

    3. 明确企业发展的战略方向及市场份额、利润率和收益率等营销目标。

    4. 分析企业自身的生产、研发、资金、人员、资源、营销等方面的能力。

    对各细分市场进行评估是要在充分考虑消费者的消费倾向、收入状况及替代产品的情况下估算细分市场未来的最大容量,并用销售额与销售量两个指标来衡量市场扩大速度。同时要分析主要竞争对手的数量及能力、现实及潜在替代产品的情况、顾客及供应商的合作和议价能力。

第二步 选择目标市场

    可列出影响企业目标市场策略选择的因素,如公司实力、产品特点、市场特点、产品生命周期、竞争状况等,在评价的基础上选择恰当的细分市场作为目标市场,并合理确定进入目标市场的营销战略和时机。

■ 目标市场
选择策划

🔍 知识链接:有效细分市场的要求

    有效的细分市场一般说来需要满足可衡量性、可进入性、可盈利性、差异性、可操作性等要求。

    1. 可衡量性

    细分市场的规模、购买力和基本情况是可以衡量的。如果某些细分变量或购买者的需求和特点很难衡量,细分市场后无法界定,难以描述,那么市场细分就失去了意义。一般来说,一些带有客观性的变数,如年龄、性别、收入、地理位置、民族等,都易于确定,并且有关的信息和统计数据也比较容易获得;而一些带有主观性的变数,如心理和性格方面的变数,就比较难以确定。

    2. 可进入性

    可进入性指企业能够进入所选定的市场部分,能进行有效的促销和分销,实际上就是考虑营销活动的可行性。一是企业能够通过一定的广告媒体把产品的信息传递到该市场的消费者中去,二是产品能通过一定的销售渠道抵达该市场。

在评估细分市场的吸引力大小时需注意的是,某个细分市场现在没有吸引力并不意味着其在将来也没有吸引力。所以在判断细分市场潜力时,要弄清楚其无吸引力的原因。一般来说,造成细分市场无吸引力的原因有二:其一,企业目前还不能提供适合的产品或服务来迎合这些细分市场的消费者;其二,该市场尚处于开发阶段,暂时无利可图。

3. 可盈利性

细分市场的规模要大到使企业足够获利的程度,使企业值得为它设计一套营销规划方案,以便顺利地实现其营销目标,并且有可拓展的潜力,以保证企业按计划能获得理想的经济效益和社会效益。一个子市场可能具备理想的规模和发展前景,但就盈利能力而言,它可能缺乏优势。所以,企业必须考察影响细分市场长期盈利能力的主要因素,这些因素包括替代品或潜在替代品、消费者的购买力、各个企业的规模和垄断力等。

4. 差异性

差异性指细分市场能被区别,并且对不同的营销组合因素和方案有不同的反应。

5. 可操作性

企业必须能够设计有效的方案吸引并服务于细分市场。

■ 针对目标
市场的营销
策略

| 第三步 | 确定目标市场营销策略 |

目标市场的营销策略是指企业对客观存在的不同消费者群体,根据不同商品和劳务的特点,采取不同的市场营销组合的总称。

🔍 知识链接:目标市场营销战略

一般来说,目标市场的营销策略有三种:无差异营销策略、差异营销策略、集中营销策略。

1. 无差异营销策略

无差异营销是企业以一种产品、一种市场营销组合,试图在整个市场上吸引尽可能多的消费者的策略。这个策略以整个市场作为销售对象,着眼于消费者需求的同质性,对消费者需求的异质性忽略不计。这种策略的优点是:产品的品种、规格、款式单一,企业有利于标准化和大规模生产,有利于降低产品开发、生产、仓储、运输、促销等方面的成本,有利于以廉价争取更多的消费者,从而达到规模效益。其不足是:不能满足不同消费者的差异需求与爱好,难以适应市场需求的发展变化,而且极易造成市场竞争激烈和市场饱和。

在采用无差异营销策略上,美国的可口可乐公司最具代表性。1886 年,名为班伯顿的药剂师发明了可口可乐的配方,并开始投入生产,100 多年以来,不论是在北美还是在全球,可口可乐公司都奉行无差异营销策略,保证了可口可乐的品质口感始终如一,并成为一个全球的超级品牌。

2. 差异营销策略

差异营销策略是企业推出多种产品、采用不同的市场营销组合,以满足各个细分市场不同需求的策略。这个策略针对消费者的不同需求来组织生产,希望通过每个细分市场获得良好的销售成绩和市场定位,以树立企业的整体形象,带动所有产品的销售。差异营销策略的优点是:它是一种多元化经营,能较好地满足不同消费者的需求与爱好,易适应市场需求的发展变化,有利于树立企业的整体形象,增强企业的市场竞争能力,从而扩大销售。其不足是:多品种、少批量生产可能导致企业的产品改进、生产、仓储、销售等成本和管理费用的提高,同时,营销组合的多样化也可能带来企业资源的短缺以及受到企业能力的限制。显然,差异营销在提高销售量的同时,也提高了生产成本。因此,该策略的采用应权衡其带来的收益与增加的成本。

采用这种策略的往往是那些实力雄厚的大企业。在世界著名的跨国公司中,宝洁公司是实行差异营销策略的典型,它的洗衣粉就有 11 个品牌,如中国妇孺皆知的强力去污但价格较高的“碧浪”,去污力强但价格适中的“汰渍”,突出物美价廉特点的“熊猫”。洗发水则有 6 个品牌,如品位代表“沙宣”,潮流一族的“海飞丝”,优雅的“潘婷”,新一代的“飘柔”。此外,它还有 8 个品牌的香皂、4 个品牌的洗涤液、4 个品牌的牙膏、3 个品牌的清洁剂、3 个品牌的卫生纸等。

3. 集中营销策略

集中营销策略是企业集中力量推出一种或少数几种产品和市场营销组合手段,对一个或少数几个子市场的需求加以满足的策略,以期在竞争中获取优势。这个策略往往为小企业采用,着眼于消费者需求的差异性,重点放在某一个或几个消费者群体;不想在较大市场上占有较小份额,而宁愿在一个或少数几个细分市场上获得较高的市场占有率。这样就可以充分利用企业有限的资源,发挥其在某些方面的优势,提高产品的市场占有率。

例如,日本尼西奇公司原来是一个只有 30 多人的雨衣生产公司,转业生产婴儿尿布,成为专业尿布生产公司,其销售量占全世界的 30%。该公司正是利用人们经营中“见大不见小”的特点,采取了小中求大、以小取胜的策略。该策略的优点是:第一,经营对象集中,有利于深入了解目标市场的需求和爱好,有针对性地创造出产品特色,使消费者的需要得到更好的满足。第二,因为产品种类较少,所以企业可以在生产和营销方面实行专业化,从而降低成本,增加盈利。第三,由于集中了全部的资源,有利于企业在这一特定子市场范围内取得有利地位,与竞争强手相抗衡。其不足为:风险比较大。因为企业的目标市场范围较小,所以企业回旋的余地不大。如果目标市场情况发生变化,如出现强大的竞争对手、产品价格下跌、消费者偏好转移等,企业就可能陷入困境。因此,采用这种策略的企业必须密切注意目标市场的动态变化,早作对策,以减少经营中的风险。

 **知识链接**:企业选择目标市场时应考虑的因素

企业在选择营销策略时,应考虑以下几方面因素。

1. 企业的实力

如果企业在人力、物力、财力及信息方面资源不足,能力有限,无力把整个市场作为目标市场,可采用集中营销策略。实力雄厚的大企业,可以考虑采用差异营销策略或无差异营销策略。

2. 产品的同质性

产品的同质性是指这一类商品提供了类似的功效,指在消费者眼里,不同企业生产的产品的相似程度。对于大米、食盐、钢铁等产品,尽管每种产品因产地和生产企业的不同会有品质差别,但消费者可能并不十分看重。此时,竞争将主要集中在价格上。这样的产品适合采用无差异营销策略。对于服装、化妆品、汽车等产品,由于其在型号、式样、规格等方面存在较大差别,产品选择性强,同质性较低,因而更适合采用差异营销策略或集中营销策略。

3. 市场的同质性

市场同质性是指所有购买者爱好相似,对营销策略刺激的反应也相同。在这种情况下,企业可考虑采取无差异营销策略。反之,则适宜采用差异营销策略或集中营销策略。

4. 产品所处的生命周期阶段

产品处于投入期,同类竞争品不多,竞争不激烈,企业可采用无差异营销策略。当产品进入成长期或成熟期,同类产品增多,竞争日益激烈,为确立竞争优势,企业可考虑采用差异营销策略。当产品步入衰退期,为保持市场地位,延长产品生命周期,全力对付竞争者,可考虑采用集中营销策略。

5. 竞争对手的目标市场策略

企业选择目标市场策略时,还要充分考虑竞争对手尤其是主要竞争对手的营销策

略。如果竞争对手采用差异营销策略,企业应采用差异营销策略或集中营销策略与之抗衡;若竞争者采用无差异营销策略,企业则可采用无差异营销策略或差异营销策略与之抗衡。

任务三: 明确市场定位

市场定位是企业进行差异化市场竞争的重要手段。通过市场定位可以进一步明确企业的服务对象,更好地满足目标顾客的需求,可以为产品赋予特色,为企业树立与众不同的市场形象,使企业以鲜明的特色、形象吸引目标顾客群体。准确的市场定位有利于企业深入地了解目标消费者的需求,制定营销组合策略,并在此基础上有针对性地制定相应的产品、价格、分销和促销等组合营销策略。有的放矢地开展营销,才能在与对手的市场竞争中取得优势。

工作步骤

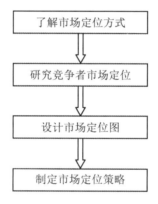

```
┌─────────────────────┐
│   了解市场定位方式    │
└─────────────────────┘
          ↓
┌─────────────────────┐
│  研究竞争者市场定位   │
└─────────────────────┘
          ↓
┌─────────────────────┐
│    设计市场定位图     │
└─────────────────────┘
          ↓
┌─────────────────────┐
│   制定市场定位策略    │
└─────────────────────┘
```

第一步 了解市场定位方式

市场定位即企业确定其产品在市场中的竞争地位,通过创造和体现区别于竞争对手的产品特色,使产品在消费者心目中树立良好形象。企业经营的产品不同,面对的顾客不同,所处的竞争环境也不同,因而市场定位的方式也不同,企业进行市场定位的方式可以是多维度的。

■ 认识市场
　　定位

🔍 **知识链接:市场定位的方式**

企业进行市场定位的方式主要有以下四种。

(1)根据产品特色定位。根据产品本身特征,确定它在市场上的位置。构成产品内在

特色的许多因素都可以作为市场定位的依据,如产品功能、成分、材料、质量、档次、价格等。

(2)根据产品利益定位。根据产品本身的属性及其带给消费者的利益、解决问题的方法以及重点需要满足的程度来定位也能使消费者感受其特色。

(3)根据使用者类型定位。企业把产品推荐给某一类型的潜在使用者,根据使用者的心理与行为特征以及特定消费模式塑造出恰当的产品形象。

(4)根据竞争需要定位。企业根据竞争者的特色与市场位置,结合自身发展需要,将本企业产品定位在与其相似的另一类竞争者产品的档次或与竞争者产品属性不同的档次。

第二步 研究竞争者市场定位

活动顺序..

1.调研竞争者的产品在目标消费者心目中的形象。判断竞争者产品属于高质量高价格、高质量低价格、低质量高价格、低质量低价格、质量与价格均一般等几种情况中的哪一种,以及目标消费者对竞争者产品的看法。

2.了解竞争者的经营状况。

3.预测竞争者的发展潜力。特别留意竞争者在人才培养、设备引进、研发等方面所采取的措施。

第三步 设计市场定位图

活动顺序..

1.调查影响市场定位的因素。

2.绘制产品定位依据图。

3.绘制目标市场竞争者状况图。

🔍 知识链接:影响市场定位的因素

影响市场定位的因素主要有以下几种。

(1)竞争对手的市场定位状况。要了解竞争者产品的市场定位,产品的特色是什么,其在顾客心目中的形象如何,衡量竞争者在市场中的竞争优势。

(2)目标顾客对产品属性的评价标准。要了解购买者对所要购买的产品的最大期望和偏好,以及他们对产品优劣的评价标准是什么。一般对于家电产品,消费者主要关心的是产品功能、质量、价格、款式、售后服务、是否节电、有无噪音等。

（3）企业的潜在竞争优势。竞争优势主要有两种形式：一是在同样条件下价格可以比竞争者更低，从而在价格上具有竞争优势；二是可以提供更多功能的产品，具备更多的特色，可以更好地满足顾客需求，从而在产品特色上具有竞争优势。

知识链接：产品定位依据图的绘制

一般来说，产品定位因素有产品功能、成分、质量、价格、款式等。分析消费者对产品最关注的因素，根据这些定位因素的不同组合，可以绘制不同的定位图。为分析方便，可以采用价格和功能两个变量组合来确定产品定位依据图（见图 3-1）。

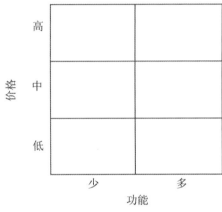

图 3-1　产品定位依据图

知识链接：目标市场竞争者状况图

在对目标市场竞争者调查、分析的基础上，可以把现有竞争者的定位情况在定位图上标示出来（见图 3-2）。

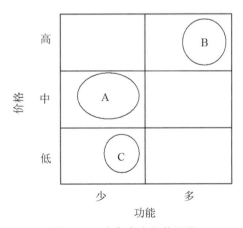

图 3-2　竞争者定位状况图

图 3-2 中三个圆圈表示三个竞争对手,A 企业生产的是中等价格、功能较少的产品,市场规模最大;B 企业生产的是高价格、多功能的产品,市场规模一般;C 企业生产的是低价格、功能少的产品,市场规模最小。

第四步 **制定市场定位策略**

企业应根据市场、竞争状况准确判定自身的竞争优势所在,选择合适的市场定位策略,设计基本定位方案,进行准确的市场定位。如图 3-3 所示,H1、H2、H3 分别表示三种不同的市场定位方案。

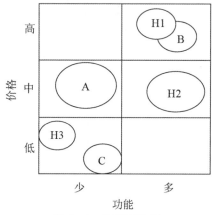

图 3-3　市场定位图

■ 市场定位
图及其分析

　　市场定位图是以矩阵图为基础设计的。图 3-3 是准备进入手机市场的 H 家电生产企业根据市场定位理论,联系企业市场开发项目而设计的市场定位图。通过市场调查分析,该企业了解到消费者对产品最为关注的是功能和价格水平,又了解到这一市场上已有三个生产厂家,其市场定位分别为 A、B、C,则 H 企业可供选择的定位方案有 H1、H2、H3 三种。其中,H1 表示高价格、多功能并与 B 企业直接对抗的市场定位;H2 表示中等价格、多功能并定位市场的"空隙"部分;H3 表示低价、功能少并与 C 企业的目标市场比较接近的定位。

🔍 **知识链接**:市场定位策略

1. 填补定位策略

填补定位策略是指企业为避开强有力的竞争对手,将产品定位在目标市场的空白部分或是"空隙"部分。此策略可以避开强大的竞争对手,使企业迅速在市场上站稳脚跟,并能在消费者或用户心目中迅速树立一种形象。这种策略风险较小,成功率较高,为多数企业所采用。

2. 并列定位策略

并列定位策略是指企业将产品定位在现有竞争者的产品附近,服务于相近的顾客群,与同类同质产品满足同一个目标市场群体。采用此策略有一定的风险,但这是一种更能激励企业奋发向上的可行的定位尝试,一旦成功就会取得巨大的市场优势,因为这个市场部分往往是规模大且最有利可图的部分。

3. 对抗定位策略

对抗定位策略是指企业要从市场上强大的竞争对手手中抢夺市场份额,改变消费者原有的认识,挤占竞争对手原有的位置,自己取而代之。采用此策略的原因在于企业准备扩大自己的市场份额,有决心并且有能力击败竞争者。

4. 重新定位策略

重新定位策略是指随着企业的发展、技术的进步、社会消费环境的变化,企业对过去的定位做修正,使企业拥有比过去更强的适应力和竞争力。

🔍 能力拓展

1. 各小组学生分析自己所设模拟公司的市场需求差异性,并选择合适的细分标准进行市场细分,描述各细分市场,完成市场细分表。

2. 对各细分市场进行评估,结合企业的营销目标、资源和能力选择一个或若干细分市场作为目标市场,并合理确定进入目标市场的营销战略和时机。

3. 在分析影响模拟公司市场定位的因素的基础上,确定模拟公司的市场定位,并绘制市场定位图,制定相应的市场定位策略。

自测题

一、判断题

1. 在同类产品市场上,同一细分市场的顾客需求具有较多的共同性。(　　)

2. 产品差异化营销以市场需求为导向。(　　)

3. 市场细分标准中的有些因素相对稳定,多数则处于动态变化中。(　　)

二、单选题

1. 企业只推出单一产品,运用单一的市场营销组合,力求在一定程度上满足尽可能多的顾客的需求,这种策战略是(　　)。

A. 无差异营销策略   B. 密集营销策略

C. 差异营销策略   D. 集中营销策略

2. 消费者市场的四个主要细分变量是（   ）。

A. 行为、利益、人口、心理   B. 行为、心理、人口、地理

C. 时机、态度、人口、利益   D. 气候、收入、态度、个性

3. 公司将其力量集中在几个细分市场上，通过为这些小市场上的购买者提供比竞争对手成本更低的产品或服务来战胜竞争对手。这是（   ）。

A. 总成本领先策略   B. 集中营销策略

C. 差异营销策略   D. 基于总成本领先的集中营销策略

4. 按照人口密度划分细分市场属于（   ）。

A. 人口因素标准   B. 消费行为因素标准

C. 地理因素标准   D. 消费心理标准

三、多选题

1. 消费者购买行为的影响因素主要有（   ）四个方面。

A. 社会   B. 人口   C. 文化

D. 个人   E. 心理

2. 企业资源分析的内容有（   ）。

A. 人、财、物   B. 技术、管理能力   C. 市场资源、品牌价值

D. 企业资金成本   E. 供应商

3. 目标市场应具备的条件是（   ）。

A. 具有一定的规模及成长潜力   B. 存在需求   C. 具有足够强的吸引力

D. 符合企业的营销战略目标和资源条件   E. 人数众多

四、简答题

1. 市场细分的变量有哪些？

2. 决定目标市场的因素有哪些？

3. 如何实施市场定位策略？

项目四

商计策划

教学目标

能力目标	知识目标
(1) 能够进行新产品开发策划 (2) 能够进行品牌设计 (3) 能够选择有效的定价方法和策略 (4) 能够进行分销渠道的设计和选择 (5) 能够进行广告、营业推广、公共关系促销策略的选择和设计	(1) 掌握产品整体和产品组合的概念 (2) 掌握新产品开发程序 (3) 掌握品牌和包装策略 (4) 掌握定价的方法和策略 (5) 掌握分销渠道的概念、作用、类型和分销渠道决策 (6) 掌握广告、营业推广、公共关系促销等促销组合策略及其特点

工作任务

延续项目三商略制定中的工作任务,根据小李的艺术培训公司的背景资料,帮助其完成营销策略设计工作。

🏢 任务分解

小李的品忆艺术培训有限公司要在浙江市场进行全面推广,应完成以下各项任务。

任务一:设计产品策略

任务二:设计定价策略

任务三:设计渠道策略

任务四:设计广告策略

任务五:设计营业推广策略

任务六:设计公关促销策略

任务一: **设计产品策略**

营销学中关于产品的陈述有一句非常著名的话:"你卖的不是一个钻头而是一个洞。"其意思是企业生产的产品或提供的服务只是满足消费者的某一特定需求的工具或

手段,客户并不是购买你的产品本身,而是想满足他的某一需求或获得利益。产品策略是营销组合策略中的关键点,只有把这个关键点设计准确,其他的营销策略的采用才可能顺着这个关键点走入一个合适的渠道当中,才能让企业不浪费资源,最终赢得市场。

工作步骤

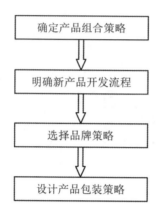

```
确定产品组合策略
        ↓
明确新产品开发流程
        ↓
  选择品牌策略
        ↓
设计产品包装策略
```

第一步　确定产品组合策略

在现代市场营销学中,产品概念是一个整体概念。产品的本质是企业在商品交换活动中,为消费者提供的能满足消费者需求的所有有形或无形因素的总和。产品组合则是指企业的业务范围与结构。它是指企业向目标市场提供的全部产品或业务的组合或搭配。有效的产品组合更利于市场营销业务的拓展,而产品组合不恰当则可能造成产品的滞销积压,甚至造成企业亏损。

活动顺序··

1.归纳分析艺术培训产品的核心层、形式层、期望层、延伸层、潜在层。

2.归纳分析艺术培训产品组合的要素。

3.为品忆艺术培训有限公司选择产品组合策略。

🔍 知识链接:产品整体概念

■ 产品整体
概念

产品整体概念可以概括为核心产品、形式产品、期望产品、延伸产品、潜在产品等5个层次,如图4-1所示。

(1)核心产品:它是指产品的基本效用或能带来的利益。

(2)形式产品:它是指核心产品借以实现的形式或目标市场对某一需

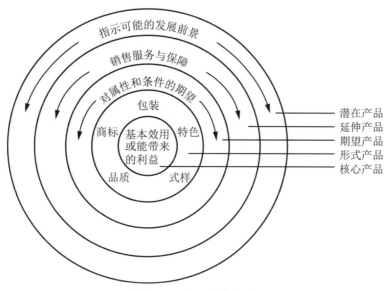

图 4-1　产品整体概念

求的特定满足形式。具体来说,它包括品质、式样、特色、商标、包装等。

（3）期望产品：它是指消费者在购买该产品时期望得到的与产品密切相关的一整套属性和条件。

（4）延伸产品：它是指消费者在购买形式产品和期望产品时附带获得的各种利益的总和,包括产品说明书、保证、安装、维修、送货、技术培训等。

（5）潜在产品：它是指现有产品包括所有附加产品在内的、可能发展成为未来最终产品的处于潜在状态的产品。它指出了现有产品的演变趋势和前景。

■ 产品核心
利益分析

🔍 知识链接：产品的分类

1. 按产品的用途划分

按产品的用途,可将产品划分为消费品和工业品两大类。消费品是直接用于满足最终消费者生活需要的产品,工业品则由企业或组织购买后用于生产其他产品。

2. 按产品之间的销售关系划分

按产品之间的销售关系,可将产品划分为独立产品、互补产品和替代产品。

（1）独立产品。独立产品的销售不受其他产品销售的影响,比如钢笔与手表、电视机与电冰箱等都互为独立产品。

（2）互补产品。一种产品与相关产品的销售相互依存、相互补充,一种产品销售的增加（或减少）就会引起相关产品销售的增加（或减少）。

（3）替代产品。两种产品之间的销售存在竞争关系。也就是说，一种产品销售量的增加会减少另外一种产品的销售量。

3. 按消费品的使用时间长短划分

按消费品的使用时间长短，可将产品划分为耐用品、半耐用品和非耐用品。

（1）耐用品。该类产品的最大特点在于使用时间长，价格比较高或者体积较大。所以，消费者在购买时，都很谨慎，重视产品的质量以及品牌，对产品的附加利益要求较高。

（2）半耐用品。大部分纺织品、服装、鞋帽，一般家具等都是半耐用品。这类产品的特点在于能使用一段时间，因此，消费者不需经常购买，但购买时，对产品的适用性、样式、色彩、质量、价格等基本方面会进行有针对性的比较。

（3）非耐用品。其特点是一次性消耗或使用时间很短，因此，消费者需要经常购买且希望能方便及时地购买。

4. 按消费者的购买习惯划分

按消费者的购买习惯，可将产品划分为便利品、选购品、特殊品和非渴求品。

（1）便利品。便利品通常是指消费者经常和随时需用，不必花费很多时间和精力去购买的物品。其又可以进一步分为三类：一是日常需要的，如牙膏、香烟、肥皂等，消费者在购买这类物品时，对品牌、价格都心中有数，一般都是按习惯购买，极少改购其他品牌的商品；二是因感情冲动而购买的物品，如小工艺品、杂志、某些食品等，消费者一般不主动寻找这类物品，事先也无购买计划，只是因为见到、闻到或其他感官直接受到刺激而临时决定购买；三是特殊情况下的急需品，如应付某种灾害的救急品等。

（2）选购品。它是指顾客对使用性、质量、价格和式样等基本方面要做认真权衡、比较的产品，如家具、服装、旧汽车和大的器械等。选购品可进一步分为两种：一是同质品，是指消费者认为在有关的产品属性，如质量、外观等方面没有什么差别的产品。这类产品对消费者来说，之所以有选购的必要，是因为消费者认为通过自己的"市场购买努力"，可买到价格最低的产品。对同质品，营销者往往可利用价格作为有效的营销工具，以最大限度满足消费者实现"最合算"购买的要求。二是异质品，即消费者认为在有关的产品属性上具有差别的产品。比如服装，不同的消费者就会对不同的式样有其喜好。异质品对于消费者来说，产品的差异比产品的价格显得更为重要。经营异质品的营销者，一般需要更重视产品的花色品种，更重视产品的特色和质量，关注消费者选购产品时所重点关心或注意的因素。

（3）特殊品。它是指消费者能识别的独特产品或品牌，而且习惯上愿意多花时间和精力去购买的消费品,如特殊品牌和造型的奢侈品等。

(4)非渴求品。它是指顾客不知道的产品,或虽然知道却没有兴趣购买的产品,如墓地、人寿保险等。非渴求品的性质,决定了企业必须加强相关的广告、推销、售后服务工作。

🔎 知识链接:产品组合要素

■产品组合要素

通常用产品组合的宽度、长度、深度和关联度等四个要素来描述企业的产品线和产品项目的组合情况。其中,产品线是指同一产品种类中具有密切关系的一组产品。它们以类似的方式起作用,或通过相同的销售网点销售,或者满足消费者相同的需要。产品项目指一类产品中品牌、规格、式样、价格不同的每一个具体产品。

1.产品组合的宽度

产品组合的宽度是指一个企业生产经营的产品大类的多少,即拥有的产品线的数量。产品组合的宽度主要反映企业营销活动中所涉及的产品或业务面的宽窄问题,产品线多则称之为宽,产品线少则称之为窄。例如,某企业共经营 5 大类产品,即有 5 条产品线(见表 4-1)。因此,该企业产品组合宽度为 5。

表 4-1　产品组合举例

编号	产品线	产品项目	项目数/个
1	家电	电视、洗衣机、冰箱、空调、取暖器、空气净化器	6
2	数码	手机、数码相机、数码相框、录音笔、平板电脑	5
3	图书	文学、少儿、育儿、经济、计算机、外语、小说	7
4	服装	外套、风衣、针织衫、毛呢大衣、羽绒服、牛仔裤、西装、棉服	8
5	鞋类	皮鞋、雪地靴、凉鞋、运动鞋	4

2.产品组合的长度

产品组合的长度是指企业产品组合中包含在各条产品线中的所有产品项目的总数。产品组合的长度反映企业营销活动中所经营的产品项目内容的多少,内容多则称之为长,内容少则称之为短。表 4-1 中企业经营的 5 大类产品中,共有 30 个产品项目(30=6+5+7+8+4)。因此,该企业经营的产品组合长度为 30。

3.产品组合的深度

产品组合的深度是指构成企业产品组合的产品线中每一产品项目所包含的不同花色、规格的产品品种数。如某种产品有 2 种花色、3 种规格,那么这种产品的深度就是

6。企业经营的某一大类产品花色、品种、规格和款式越齐全,开发的深度就越大。

4．产品组合的关联度

产品组合的关联度是指企业各条产品线之间在生产条件、目标市场、分销渠道、最终使用等方面的相似或相近程度。产品组合的关联度影响企业生产经营管理的复杂程度,一般而言,关联度高则管理的复杂程度较低,反之则管理复杂程度较高。表4－1中该企业第4、5条产品线关联度就比较高,但第1、2、3条产品线之间的关联度就比较低。

一般情况下,企业增加产品组合宽度,有利于扩大经营范围,发挥企业特长,提高经济效益,分散经营风险;增加产品组合的深度,可占领更多细分市场,满足消费者广泛的需求,吸引更多的消费者;增加产品组合的长度,可以满足消费者不同的需求,增加企业经济效益;而提高产品组合关联度,则可以在某一特定领域内加强竞争力,获得良好声誉。

知识链接：产品组合策略

企业可以根据其市场营销目标,对现有产品组合的宽度、长度、深度和关联度等进行最优决策,使其产品组合更具有竞争性和适应性,以利于市场营销业务的拓展。通常,有以下几种类型的产品组合策略供企业选择。

1．拓展产品组合

企业可以充分利用资源,发挥优势,分散市场风险,增强竞争力。其渠道主要是增加大产品组合的宽度和深度,即增加一条和多条生产线,拓宽产品经营领域和在原生产线的基础上增加新的产品项目。实行这一策略可以降低企业的市场风险,但企业的投入将增加,成本提高,利润可能减少。

2．缩减产品组合

与拓展产品组合策略相反,企业为了减少不必要的投资,降低成本,增加利润,必须缩减一些获利较少的产品线和产品项目。该策略可以集中企业优势发展利好产品,降低成本,但增加了企业的市场风险。

3．产品延伸策略

每一企业的产品都有自己的市场定位。产品延伸策略就是企业根据市场的需求,全部或部分改变产品的市场定位。产品延伸可以有三个方向:①上延伸策略。即在原有产品线内增加高档产品项目。之所以这样做,是因为高档产品市场有着较高的增长率和利润,且企业具备了相应的技术设备和营销能力。但这一策略也存在一定的风险,如消费者不相信,经销商不愿意经营。②下延伸策略。即在原有产品线内增加低档产品项目。这样做的原因在于高档产品市场竞争激烈、销售增长缓慢或企业想成为一个全面型企业。其风险是容易损害企业在消费者心目中的形象。③上下延伸策略。即定位于中档产品市场的企业向高档产品市场和低档产品市场延伸。

第二步 明确新产品开发流程

企业开发新产品不但要有严密的组织和管理,还必须有一套完善、科学的程序,以避免和减少失误。

活动顺序··

1.产生创意。从品忆艺术培训有限公司内部和外部寻找新产品创意的来源,提出新产品的设想方案。

2.筛选创意。采用适当的评价系统及科学的评价方法对各种创意进行分析、比较,选出最佳创意。

■ 新产品开发的流程

3.形成产品概念,从顾客角度描述最佳创意产品的性能、具体用途、形状、优点、价格、给消费者带来的利益等,确定完整的产品概念并进行消费者测试。

4.商业分析。对所需投资、预期销售额、成本、价格、利润、预期收益等进行详细的经济分析。同时,还必须对目前市场上主要的竞争对手情况进行分析,以此作为产品长期销售趋势预测的基础。

5.产品研发试制。将艺术培训产品概念转化为某个具体的培训产品,同时进行相关营销策略的设计。

6.产品市场试销。将品忆艺术培训产品投放到有代表性的小范围内,观察市场反应,进而确定是否正式将该培训产品大批量投放于市场。

7.正式投放市场。

知识链接：新产品

现代市场营销观念下,凡是在产品整体概念中的任何一个部分有所创新、改革和改变,能够给消费者带来新的利益、满足其新需求的产品,都是新产品。因此,新产品通常有下列 5 类。

（1）全新产品。全新产品是指应用新原理、新技术、新材料制造出前所未有、能满足消费者的一种新需求的产品。

（2）改进型产品。改进型产品是指在原有产品的基础上进行改进,结构、品质、功能、款式、花色及包装上具有新的特点和新的突破的产品。

（3）模仿型产品。模仿型产品是指企业对国内外市场上已有的产品进行模仿生产而形成的本企业的新产品。

（4）降低成本型产品。降低成本型产品是指企业通过新科技手段，削减原产品的成本，但保持原有功能不变的新产品。

（5）重新定位型产品。重新定位型产品是指企业的老产品进入新的市场而被该市场称为新产品。

🔍 **知识链接**：寻求创意的主要方法

1. 产品属性列举法

产品属性列举法是指将现有产品的属性——列出，寻求改良这种产品的方法。

2. 强行关系法

强行关系法是指列出多个不同的产品或物品，然后考虑它们彼此之间的关系，从中获得更多的创意。

3. 调查法

调查法是指向消费者调查使用某种产品时出现的问题或值得改进的地方，然后整理意见，将其转化为创意。

4. 头脑风暴法

头脑风暴法是指选择专长各异的人员进行座谈，集思广益，以获得新的创意。

💬 **练一练**

填制产品创意表（表4-2）。

表4-2　产品创意表

创意项目	具体内容要素描述	备注
产品基本效用描述		
初步市场定位描述		

第三步　选择品牌策略

品牌是一种名称、标记或设计，或是它们的应用组合，借其辨认某个销售者或销售群体的产品或劳务,并使之同竞争对手的产品或劳务区别开来。设计并选择产品品牌策略是现代营销活动的重要工作之一。

活动顺序……………………………………………………………………………………

1. 确定品牌的名称。

2. 确定品牌的标志及图案。

3. 确定品牌服务的目标人群。

4. 确定产品或服务在消费者心中的位置,即明确并描述品牌为目标市场提供的价值、利益。

5. 选择品牌策略。

知识链接:品牌的要素

品牌是一个集合的概念,其主要要素为名称、标志和商标。

(1)名称。即品牌可以直接用语言表达或称呼的部分。

(2)标志。即符号和图案,这是品牌中易于识别,但不能直接用语言称呼的部分。

(3)商标。即产品名称的法律界定。商标经过国家权威机构依法定程序审核通过后获取,是国家依法授予企业的一种权利。

知识链接:品牌的功能

1. 识别功能

识别功能是品牌作为区分标志的功能。品牌一定要形成产品视觉个性形象,要具有同其他商标相区别的特征。消费者正是依据品牌的这一功能在产品类别中选择自己的购买对象。

2. 信誉功能

信誉功能是品牌用以承诺和保证的功能。品牌一定要提供产品的功能特征和利益,来满足消费者的需要与欲求。品牌的最终目的是通过提供利益优势谋求与消费者建立长久的、稳定的关系,博得他们长期的偏好与忠诚。

3. 价值功能

价值功能是品牌作为无形资产的功能。品牌所代表的意义、品质和特征可以产生品牌价值。品牌的价值功能体现在能给顾客提供比一般产品更多的价值或利益——功能性的与心理性的,能让消费者愿意为购买一个品牌而支付更多的钱。这一功能可以形成市场竞争优势,在分销渠道中获得杠杆力。

🔍 知识链接：品牌的作用

1. 有利于消费者识别产品

一个产品有多种属性,消费者一般都是通过品牌来识别这些属性的。当顾客需要这些属性时,他就会直接指认要购买某品牌的产品。

2. 有利于保护企业的利益

品牌经注册后,产品的独特性就会受到法律的保护,不受竞争对手仿制的侵犯。

3. 有利于保持与老客户的关系

消费者一旦对某种产品产生偏好以后,就会形成"品牌忠诚",即在相当长的时间内保持对这一品牌的购买选择。

4. 有利于企业实行市场细分战略

企业可以通过多品牌策略,在不同的目标市场推广不同的品牌,从而实行市场细分化运作。

5. 有利于树立企业形象

品牌总是与企业的形象联系在一起的,良好的品牌有利于使消费者对企业产生好感,当品牌与公司名称一起出现在产品包装上时,品牌得到宣传的同时企业本身也得到了宣传。

🔍 知识链接：品牌名称设计

1. 设计要求

📱 阿里巴巴品牌名称的故事

（1）易懂好记,易于传播沟通。这是品牌记忆点的关键所在,名称应该不冷僻,应为大多数人一目了然,读起来朗朗上口。好名称本身就是一则微型广告。设计品牌名称时,文字要简洁流畅,读音清晰响亮,节奏感强,易于传播沟通。

（2）鲜明、独特,富有个性。优秀的品牌名称是与众不同的,一般都特色鲜明,极有个性,使顾客一目了然,过目不忘。

（3）揭示产品功能、利益。品牌名称要表示产品的性能、用途,揭示产品能够提供给消费者的效用和利益,品牌名称要与产品实体相符合,能反映产品的效用。

（4）突出情感诉求,富有内涵。归根到底,消费者不是购买产品或服务本身,而是想满足心理上的需求,如果品牌名称仅仅停留在产品属性或功能上,在同质化产品的海洋里,消费者只能随机选择,而不会特意关注,只有突出情感、文化等诉求,才能吸引受众。

2. 设计思路

（1）核心价值的定位。品牌的故事、功能、个性、风格都可能成为品牌定位的依据，但是,通常一个品牌理论上只能有一种真正意义上的定位。

（2）要有清晰的概念。品牌概念清晰准确,就能振奋人心,使消费者能清楚地知道自己应选择什么品牌。

（3）要有鲜明的描述。简洁、明了、富有感染力的名称描述可以表达品牌的特征,在消费者心目中占据位置,并能迅速传播开来,提升品牌形象。

3. 常用设计方法

如何命名一个令企业满意、让消费者乐于接受的品牌名称？ 常用方法如下。

■ 品牌命名

（1）人名(公司名)作品牌名。如"张小泉""李宁""福特"。

（2）地名作品牌名。如"茅台酒""青岛啤酒""上海牌手表"。

（3）动物名作品牌名。如"小天鹅""熊猫""白象"。

（4）花草树木名作品牌名。如"春兰""水仙""菊花""椰树"。

（5）数字或数字与文字组合作品牌名。如"361°""7-11""三枪"。

（6）"宝"字作品牌名。如"大宝""健力宝""青春宝"。

（7）产品的成分作品牌名。如"两面针""玉兰油""Coca-Cola"。

（8）能引发美好联想的词作品牌名。"美的""永芳""美加净"。

（9）以产品功能作品牌名。如"宜而爽""脑轻松""保龄参"。

（10）象征地位的名称作品牌名。如"太太""老板""豪门"。

（11）组合字首作品牌名。如"HTC""IBM""3M"。

🔍 知识链接：品牌标志设计

1. 设计要求

（1）由于人们的思想基于印象、认知,是具体的、活生生的,因此需要以图文并茂的形式来表示品牌。

（2）人们更容易识别符号、图案,品牌需要标志,便于消费者识别、记住。

（3）任何图像都能传递某种信息,一张简单的图片能表达很多意义,可以引发消费者联想。

（4）运用符号、图案来表达品牌,可以强化品牌定位,使消费者印象深刻,一有提示马上就联想起品牌。

2. 设计思路

(1) 简洁、凝练。标志设计要使人一目了然、过目不忘。符号和简单的图形较受欢迎。

(2) 独特、新颖。品牌标志要有创意,要独特、新颖。品牌的独创性、新颖性越强,越能吸引消费者,越能与竞争对手区别开来,受到的保护力度也越大。

3. 基本形式

(1) 名称标志,即把名称与标志合在一起,把名称的文字、数字艺术化,作为与众不同的品牌标志,如 NEC、IBM 的标志。

(2) 符号标志,如日本"三菱"电机是由三个菱形符号组成的。

(3) 图案标志,如"腾讯""中华"的标志。

🔍 知识链接:品牌策略

企业围绕着品牌问题,要做出一系列的决策,如是否要采用品牌,使用谁的品牌,怎么使用自己的品牌,是否在互联网中注册域名,等等。要解决这些问题,就必须进行品牌策略选择。品牌策略是产品策略的关键,通常品牌策略包含品牌化策略、品牌忠诚策略、品牌数量策略、品牌延伸策略以及多品牌策略等。

1. 品牌化策略

品牌化策略,亦称品牌化决策,它是指企业对其生产和经营的产品是否采用品牌的抉择,包括采用品牌、不采用品牌两种情况。

(1) 无品牌,即有些产品不使用品牌。一般来说,农、牧、矿业产品属初级产品,可以不使用品牌。技术标准较低、品种繁多的日用小商品,也可以不使用品牌。企业采用无品牌策略,可以节省包装、广告宣传等费用,降低产品成本和价格,以此达到扩大销售的目的。

(2) 品牌化,即企业为其产品采用品牌,并规定品牌名称、品牌标志、注册登记的一切业务活动。品牌化是一种大趋势,品牌化策略是品牌化决策的一种主要策略。

2. 品牌忠诚策略

如何留住老顾客,吸引新顾客,从而扩大企业的销售,提高企业的利润,是品牌策略设计的重要内容之一,即品牌忠诚策略。

品牌忠诚,是指由于受到质量、价格等诸多因素的影响,消费者对某一品牌产生感情,形成偏爱并长期重复购买该品牌产品的行为。品牌忠诚是消费者对某品牌产生的感情的度量。在品牌竞争中,品牌忠诚为企业提供了喘息的时间。如果竞争对手推出了一种新产品,消费者的忠诚会使企业有一定的时间来制定对策,改进产品。因为忠诚的消费者不会轻易改变使用的品牌,除非竞争对手的新产品充满了吸引力,但改变也需要一段时间。

顾客对某品牌的忠诚度,可以用下列标准进行测量。

(1)顾客重复购买次数。在一定时期内,顾客对某一品牌产品的重复购买次数越多,说明其对这一品牌的忠诚度越高,反之则越低。

(2)顾客挑选时间。一般来说,顾客挑选的时间越短,说明他对该品牌忠诚度越高,反之,则说明他对该品牌的忠诚度越低。

(3)顾客对价格的敏感程度。事实表明,对于喜爱和信赖的产品,顾客对其价格变动的承受能力强,即敏感度低;而对于不喜爱和不信赖的产品,顾客对其价格变动的承受能力弱,即敏感度高。

(4)顾客对竞争产品的态度。如果顾客对竞争品牌有兴趣并抱有好感,那么就说明他对本品牌的忠诚度低;如果顾客对竞争品牌不感兴趣或没有好感,就可以推断他对本品牌的忠诚度较高。

3.品牌数量策略

在品牌策略设计中,决定使用自己品牌的企业,还要对使用多少品牌做出抉择。

(1)统一品牌策略。即企业对所有产品使用同一品牌策略。如美国通用电气公司的所有产品都统一使用"GE"品牌,杭州娃哈哈食品有限公司的所有产品都统一使用"娃哈哈"这个品牌。采用此策略的好处在于节约品牌设计费、广告费,降低成本,有利于解除顾客对新产品的不信任感,但缺点是有较大的风险,局部产品质量不好会影响全局利益。

(2)个别品牌策略。它有两种形式:一种是企业的每项产品都有各自不同的品牌。如美国宝洁公司的洗衣粉有"汰渍""happiness""奇尔"等多种品牌,虽然曾有一个品牌的洗衣粉销售出问题,但宝洁公司整体的洗衣粉销售量不降反升。另一种是不同产品线采用不同品牌,同一产品线的产品项目使用同一品牌。如中国上海家化公司有美加净护肤系列、清妃系列、六神系列三大品牌系列。采用此策略的好处是,它没有将公司的声誉系在某一品牌的成败之上,如果某一品牌的产品失败了或者出现了低质情况,也不会损害企业其他品牌产品的名声。个别品牌决策还可以使公司为每一新产品寻找最佳的名称,制造新的刺激,建立新的信誉,提高市场占有率。但缺点是费用开支大,成本上升。

(3)统一品牌与个别品牌相结合策略。即企业先给各种产品命以不同的品牌名称,在各种品牌名称前一律冠以企业名称,兼具上述两种品牌数量策略的优点,目的是

靠响亮的公司名称促进各种产品的销售。

4. 品牌延伸策略

许多企业都想方设法,利用已获成功的品牌的声誉,推出改进型产品或新产品。这是品牌使用的一种特别策略,叫品牌延伸策略,也叫品牌扩展决策。品牌延伸有两种基本做法。

(1)纵向延伸。企业先推出某个品牌,成功以后,再推出新的经过改进的该品牌产品,接着,推出更新的该品牌产品。不仅升级换代的同一产品可用这一品牌,新的包装规格、新的口味和式样等也可用。例如,宝洁公司在中国市场上,先推出"飘柔"洗发水,后又推出创新一代"飘柔"洗发水。汽车工业和耐用消费品行业的企业常用这种做法,不断推出标有"××－1000""××－2000"的产品。其特点是同一基本品牌始终用于有所变化的同一产品,巩固企业在该市场领域的地位。

(2)横向延伸。即把成功的品牌用于新开发的不同产品。例如,美国桂格麦片公司的桂格脆脆麦片在早餐食品市场享有很好的声誉,公司利用这个品牌名称及其卡通人物的品牌标志,又推出雪糕、冰棒甚至短袖衬衫等新产品。

5. 多品牌策略

多品牌策略就是指一种产品采用一个品牌的品牌策略。一个品牌只用于一种产品上,适用于一种市场定位,因而能最大限度地形成差异化和个性化品牌。美国宝洁公司是实施多品牌策略的突出代表和成功范例。该公司拥有 300 多个品牌,每个品牌都有其独特的属性,且知名度很高,例如,"飘柔""潘婷""海飞丝"洗发水,"舒肤佳"肥皂,"玉兰油"护肤品,"碧浪"洗衣粉以及"佳洁士"牙膏等。科龙集团也实行多品牌策略。"科龙"空调为其核心品牌,"容声"冰箱、"华宝"空调、"科龙""三洋"冷柜为分品牌,形成了四大品牌群体格局。

练一练

填制小李的艺术培训品牌策略表(表 4－3)。

表 4－3 品牌策略表

产品名称	
品牌名称	
品牌标志及图案	
品牌的内涵(价值利益点)	
品牌策略	

第四步　设计产品包装策略

　　包装是指产品的容器或外部包扎物,是产品策略的重要内容,有着识别、便利、美化、增值和促销等功能,是产品整体概念的重要组成部分。设计产品包装是一项技术性和艺术性很强的工作,通过对产品的包装可以达到多种效果。包装设计应适应消费者心理,显示产品的特色和风格,包装形状、大小应为运输、携带、保管和使用提供方便。

🔍 知识链接：包装的作用

　　(1)保护商品。即保护商品质量安全、完好无损,是商品包装的最原始、最基本的目的。

　　(2)便于运输、携带和储存。

　　(3)便于使用。适当的包装可以起到便于使用和指导消费者的作用。

　　(4)美化商品,促进销售。产品采用包装后,首先进入消费者视野的往往不是产品本身,而是包装。能否引起消费者的兴趣并激发其购买动机,在一定程度上取决于产品的包装,因而包装成了"无声推销员",能促进产品的销售。

　　(5)增强竞争力。产品包装不仅使消费者易于识别,还可以与竞争者的同类产品有所区别,不易仿制和伪造,有利于维护企业信誉,增强企业竞争力,提高经济效益。

　　(6)增收节支。首先,在运输过程中,包装能减少损坏、变质等情况,从而减少支出,增加利润;其次,在销售中,包装可以刺激消费者的消费,使销售量增加,进而也增加了利润。

🔍 知识链接：包装策略

■ *产品包装策略*

1. 类似包装策略

　　类似包装亦称产品线包装,即企业所生产的各种不同产品,在包装上采用共同或相似的图案、形状或其他共同的特征,使消费者容易发现其是同一家企业的产品。

2. 等级包装策略

　　等级包装策略指按照产品的价值、品质,将产品分成若干等级,并实行不同的包装,使包装与产品的价值相称,如优质包装与普通包装、豪华包装与简易包装等,有利于消费者辨别产品的档次和品质。

3. 组合包装策略

组合包装策略指把使用时相互关联的多种商品纳入一个包装容器中,同时出售,如家用药箱、针线包、工具包等。

4. 复用包装策略

复用包装策略指在原包装的产品使用完后,其包装物还可以作其他用途。这样可以利用消费者一物多用的心理,使他们得到额外的使用价值;同时,包装物在使用过程中,也可起到广告宣传的作用,诱发消费者购买或引起重复购买。

5. 附赠品包装策略

附赠品包装策略指在商品包装物内附赠给购买者一定的物品或奖券。

6. 更换包装策略

更换包装策略指对原商品包装进行改进或更换,重新投入市场以吸引消费者;或者原商品声誉不是太好,销售量下降时,通过更换包装,重塑形象,保持市场占有率。

知识拓展:品牌命名的六大原则

1."四易"(易读、易懂、易记、易传)原则

在品牌的汪洋大海中,要想使品牌被消费者记住,首要的一点是,品牌名称应让消费者容易读、容易理解、容易记忆、容易传播。品牌名称只有易读、易懂、易记、易传,才能高效地发挥它的识别功能和传播功能。如何使品牌名称易读、易记,这就要求策划人员在为品牌取名时做到以下几点。

(1)简洁。即名称简单、明快,易于传播,如百年品牌可口可乐。

(2)独特。名称应具备独特的个性,避免与其他品牌名称混淆。如"老人头""苹果""三星""金龙鱼"等。

(3)新颖。这是指名称要有新鲜感,赶时代潮流,创造新概念。如"喜之郎""太平鸟""经理人""步步高"等。

(4)响亮。这是指品牌名称要易于上口,难发音或音韵不好的字,都不宜作名称。声母为"k、b",韵母为"ang、ong"等音节的词往往发音较为响亮。并且读起来声调最好有起伏,以达到抑扬顿挫的效果。

(5)有气魄。这是指品牌名称要有气魄,起点高,具备冲击力及浓厚的感情色彩,给人以震撼感。如"千里马""奔驰"等。

(6)亲和力强。亲和力取决于品牌名称用词的风格、特征、倾向等因素,命名时要使用和目标消费群相同的"语言"。如舒肤佳通过强调"舒"和"佳"两大焦点,给人以使

用后会全身舒爽的联想,因此其亲和力较强。

2.暗示功能属性原则

品牌名称还可以暗示产品的某种性能和用途。例如"999 胃泰",它暗示该产品在医治胃病上的专长。类似的还有"捷达"轿车、"佳洁士"牙膏、"美尔雅"西服等。

3.启发品牌联想原则

正如人的名字普遍带有某种寓意一样,品牌名称也应包含与产品或企业相关的寓意,让消费者能从中得到有关产品或企业的愉快联想,进而产生对品牌的认知或偏好。相反,如果品牌命名不当,容易引起人们的反感,甚至引起法律纠纷。如"金利来"这一品牌名称就比"金狮"(广东话念起来像"甘输")要好。

4.与标志相配原则

品牌标志物是指品牌中无法用语言表达但可被识别的部分,当品牌名称与标志物相得益彰、相映生辉时,品牌的整体效果会更加突出。例如,有些还在牙牙学语的幼儿只要看到麦当劳醒目的黄色标志"M"时,便会想要吃汉堡包。

5.市场通用原则

不同国家或地区的消费者因民族文化、宗教信仰、风俗习惯和语言文字等的差异,对同一品牌名称的认知和联想是截然不同的。因此品牌名称要适应目标市场的文化价值观念。在品牌全球化的趋势下,品牌名称应具有世界性。企业应特别注意目标市场的民族文化、宗教信仰、风俗习惯及语言文字等特征,以免品牌名称使消费者产生不好的联想。

6.受法律保护原则

品牌名称受到法律保护是品牌被保护的根本,品牌名称要得到法律保护就必须申请注册。策划人员在为品牌命名时就应遵循相关的法律条款。品牌名称的选定首先要考虑该名称是否侵权,策划人员要通过有关部门,查询是否已有相同或相近的品牌名称被注册,如果有,则必须重新命名。其次,要注意该品牌名称是否在允许注册的范围内。有的品牌名称虽然不构成侵权行为,但仍无法注册,难以得到法律的有效保护。

🔍 能力拓展

各小组学生在讨论分析的基础上,整理思路,设计自己所设模拟公司的产品策略,并形成产品策略设计方案的框架、内容,进而撰写完整的产品策略设计方案。

任务二：**设计定价策略**

价格是市场营销组合中最重要的因素之一，是企业完成其市场营销目标的有效工具。定价是否恰当直接关系到顾客对产品的接受程度，影响着企业产品的销售量和赢利水平。因此，定价策略是企业营销策略中最富有灵活性和艺术性的策略。

工作步骤

为了保证产品定价的科学性、正确性，定价策略的实施应该按照一定的程序或步骤来进行。

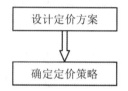

第一步 **设计定价方案**

活动顺序..

1. 根据定价目标和定价依据选择定价方法。

2. 计算价格，并对计算出来的价格进行定性分析。

3. 根据产品价格的具体情况再做全面调整。

4. 确定最终价格。

知识链接：影响企业定价的因素

影响产品价格制定的因素有很多，但大致可以将其分为企业内部影响因素和外部影响因素两大类。内部影响因素主要有企业的营销目标、产品成本、产品特点、分销渠道、促销策略等，外部因素主要有市场供求状况、市场竞争状况、政府政策和法律以及其他宏观社会经济因素。企业在确定产品价格时，必须对这些因素进行系统分析，认识它们与产品价格之间的关系，并在此基础上，选择企业的定价方法和策略。

1. 成本因素

产品成本是产品价格制定的基础，产品价格必须能够补偿产品生产和市场营销的所有支出，并补偿产品的经营者所承担的风险支出。产品成本是影响产品价格水平的重要因素。根据产品定价需要，可以从不同角度对产品成本进行分析。

（1）固定成本。固定成本是指在一定时期内不随产品产量变化而变化的成本费用,如固定资产折旧费、产品设计费、管理人员工资以及办公费等。这些费用与产品产量的多少无关。但从长期来看,当企业规模变化时,固定成本也是会变动的。平均固定成本,即单位产品所分摊的固定成本,则随产量变动而变化。

（2）变动成本。变动成本是指在一定时期内随产品产量的变动而成比例变动的成本费用,如原材料费用、生产工人工资、销售费用等。平均变动成本,即单位产品的变动成本,不会随产量变动而变动,在一定的时间范围内保持相对稳定。

（3）总成本。固定成本与变动成本之和就是总成本。平均固定成本与平均变动成本之和称为平均总成本或产品完全成本。企业在定价时,依据不同的成本,可能定出不同的价格或做出不同的决策。在这些成本中,平均变动成本更适合作为价格决策的依据。而平均总成本则适用于核算企业的实际收益或利润。这些成本各自有其不同的作用。

（4）边际成本。边际成本即在原有产量基础上,产品产量每变动一个单位（增加或减少一个单位）所引起的总成本的变动额（增加额或减少额）。企业研究边际成本的最大意义在于寻求最大利润的均衡产量和价格。企业可以根据边际成本等于边际收入的原则,确定最佳产量和最佳价格。

（5）机会成本。企业可能为从事某项经营活动而放弃另一项经营活动,或利用一定资源获得某种收入而不得不放弃另一种收入。那么这个被放弃的经营活动所应取得的收益,即为正在从事的经营活动的机会成本。机会成本的分析对于企业在经营中正确选择经营项目、合理配置有限资源具有重要意义。

2. 需求因素

不同的顾客对于不同产品的价格变化会表现出不同的敏感度。通常,我们用需求价格弹性来衡量顾客对价格变动的敏感程度。需求价格弹性表明了需求量对于价格变动的反应灵敏程度。产品的需求量变动与价格变动之间有着密切的关系。但是,对于不同类型的产品,价格变动对需求量变动的影响程度有着极大的差异,即这些产品的需求价格弹性不同。需求价格弹性的大小,可以根据需求价格弹性系数来测定。需求价格弹性系数反映单位价格变动导致的需求量变化的量。用 E 来表示需求价格弹性系数,其计算公式为

$$E = \frac{\Delta Q/Q}{\Delta P/P} = \frac{\Delta Q}{\Delta P} \cdot \frac{P}{Q}$$

式中,ΔQ——需求量的变动量;

Q——需求量;

ΔP——价格的变动量;

P——价格。

一般而言,$E<0$,说明价格与需求量的变化方向是相反的。当$|E|>1$时,表明需求价格弹性大;而$|E|<1$时,表明需求价格弹性小。

对于需求价格弹性大的产品,可通过降低价格来增加销售量,提高销售收入。对于需求价格弹性小的产品,降低价格使销售量增加的幅度较小,提高价格使销售量的减少的幅度也较小,所以,提价可以增加销售收入。

3. 市场竞争状况

(1) 市场的供求状况。商品价格与商品的供求状况有密切的关系,商品的供求推动价格的变化。一般而言,在市场供给不变的条件下,市场对商品的需求上升,则商品价格上涨,商品需求下降,则商品价格下降;在市场需求不变的条件下,商品供给增加则价格下降,供给减少,则价格上升。另外,商品价格也同时推动市场供求关系发生变化。一般情况下,价格上升则需求减少,供给增加;价格下降则需求增加,供给减少。

(2) 市场结构。市场结构对于产品的价格有着直接的影响。在现代市场经济中,按照市场的竞争程度可以把市场分为四种类型,即完全竞争市场、完全垄断市场、垄断性竞争市场和寡头垄断市场。不同市场结构下的市场价格表现出显著的差异性。

在完全竞争市场中,买卖双方都是价格的接受者,价格完全由市场供求关系决定。在完全垄断的市场中,垄断企业完全操纵市场,有自由定价的能力。在现代市场竞争中,比较接近现实的市场形态是垄断性竞争市场,即既有独占倾向又有竞争的市场。在垄断性竞争市场条件下,各个企业依靠自己的特色,各占据一方市场,形成相对的局部垄断,这使企业拥有一定的价格控制能力。在这种情况下,企业已不是一个消极的价格接受者,而是一个对价格有影响力的决定者。在寡头垄断市场条件下,产品的市场价格不是由市场供求决定的,而是由几家大企业通过达成协议或默契来规定的,即操纵价格或联盟价格。

4. 企业的营销目标

由于受到资源条件的限制,处于不同行业、有着不同规模或采用不同管理方法的企业往往制定不同的战略目标,营销目标作为企业总体战略目标的组成部分,规定了企业产品价格制定策略。不同时期,体现企业战略目标的营销目标不同,因而有不同的价格策略乃至不同的定价方法和技巧。

通常,与企业产品价格制定直接有关的营销目标主要有以下几种。

(1) 以获取当期最大利润为目标。获取最大利润是市场经济条件下企业从事经营活动的最终愿望。不过,利润最大化目标可以区分为当期利润最大化和长期利润最大化,这里所说的通常是指当期利润最大化目标。在一定经营时限内要获得最大利润,必须考虑产品价格对市场需求量以及需求量对产品成本的影响,还必须遵循一定的原则,如边际成本等于边际收益的原则,来确定产品的价格。

(2)以保持或提高市场占有率为目标。这是指企业在保证一定利润水平的前提下,谋求最大的市场份额。从反映企业经营状况和产品竞争能力的角度来看,市场占有率比其他指标更能说明问题。一般情况下,较高的销售额不一定能带来较高的利润,而高市场占有率可以带来低成本,从而使企业可以获得较高的利润。

(3)以对付竞争者为目标。大多数企业对竞争者的价格都十分敏感,制定产品价格时,以竞争对手的产品和价格为参考,在分析企业的产品竞争能力和市场地位后再制定本企业的产品价格策略。

(4)以产品质量领先为目标。即企业以追求优质高档产品形象为目标。如果企业提供的产品质量、性能和服务等方面都与众不同、高人一筹,产品自然可以要求较高的市场价格,并通过较高的价格收回高额的科研费用和生产成本。

(5)以维持企业生存为目标。当企业面临市场需求的巨大波动和强大的竞争对手,以至受到破产威胁时,维持生存成了企业的首要目标。企业以维持生存为目标时,只能通过降低产品价格吸引顾客,这时所定的产品价格只要确保能收回成本即可。在更加危急的情况下,企业甚至以变动成本为产品价格的下限。

5.其他环境因素

企业定价时还必须考虑其他一些环境因素,如国家的政策法令、国内外的经济形势、货币流通状况以及顾客的社会心理状态等。

知识链接:定价方法

企业在确定了定价目标,掌握和分析了价格影响因素后,就可以选择定价方法,确定产品的价格。任何企业都不能只凭直觉随意定价,而必须借助科学的定价方法。在企业实际定价中,常用的定价方法大致分为三类:成本导向定价法、需求导向定价法和竞争导向定价法。

1.成本导向定价法

成本导向定价法是一种以产品的完全成本为基础、按卖方意图确定价格的方法。其主要理论依据是:在定价时,首先要考虑收回企业在生产经营过程中投入的全部成本,然后再考虑取得一定的利润。

成本导向定价法主要有以下三种具体方法。

(1)加成定价法

加成定价法包括成本加成定价法和售价加成定价法两种。成本加成定价法是加成

定价法中较简单的一种,其计算方法是在单位产品成本上加一定比例的预期利润。计算公式为

$$P = C(1+R)$$

式中,P——产品价格;

C——单位产品成本;

R——加成率。

售价加成定价法是以产品的最后销售价格为基数,按销售价格的一定比率来计算加成,然后得出产品的价格。计算公式为

$$P = \frac{C}{1-R}$$

式中,P——产品价格;

C——单位产品成本;

R——加成率。

例:某电动车生产企业生产的某一型号电动车单位成本为 900 元/辆,预期利润率为 30%。如用成本加成定价法,每辆自行车的销售价格为 1170 元[$1170 = 900 \times (1+30\%)$]。如用售价加成定价法,则每辆自行车的销售价格为 1285.71 元($1285.71 = \frac{900}{1-30\%}$)。

(2)目标利润定价法

目标利润定价法是一种根据企业所要实现的利润来确定产品价格的方法。这种方法一般是运用"盈亏平衡点",反映出不同销售量的总成本和总收入,并通过分析销售量、固定成本、单位变动成本、目标利润、价格之间的内在关系,确定能够实现目标利润的价格。其计算公式为

$$P = V + (F+G)/Q$$

式中,P——产品价格;

V——单位变动成本;

F——固定成本;

G——要实现的目标利润;

Q——预期销售量。

例:某企业生产某产品的固定成本为 100 万元,单位变动成本为 20 元,企业的目标利润定为 50 万元,如果企业的产品销售量能达到 50000 件,产品的价格应定为多少?

根据已知条件,可以绘制出如图 4-2 所示的盈亏平衡图,从图中可以看出,当销售量达到 50000 件时,产品价格必须达到 40 元才能实现盈亏平衡,因为这时的总收入恰

好等于总成本。在产品销售量不变的情况下,只能通过提高价格来实现目标利润。根据上面给定的价格计算公式,产品价格应定为 50 元,即

$$P = V + \frac{F+G}{Q} = 20 + \frac{1000000+500000}{50000} = 50(元)$$

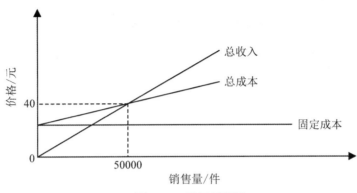

图 4-2 盈亏平衡图

采用目标利润定价法进行定价的关键是能否实现预期销售量,而预期销售量的实现,要受到产品的需求价格弹性和竞争者产品价格的制约。因此,在采用这一方法时,首先应明确所要实现的目标利润是多少,再根据产品的需求价格弹性考虑各种价格水平对产品销售量的影响,最后将价格定在切实能够使企业目标利润得以实现的水平上。

(3)投资收益定价法

投资收益定价法的出发点是通过定价来达到一定的投资收益率,以期在一定时期内收回全部投资。其基本步骤如下:

①确定投资收益率。

$$投资收益率 = \frac{1}{投资回收年限} \times 100\%$$

②确定目标利润额。

$$目标利润额 = 总投资额 \times 投资收益率$$

③预测每年的总成本。

$$总成本 = 固定成本 + 变动成本$$

④确定预期的每年销售量。

⑤确定产品价格。

$$产品价格 = \frac{总成本 + 目标利润额}{预期销售量}$$

例如某企业投资 100 万元开发生产一种新产品,预期年销售量为 5 万件,每年总成本为 20 万元,期望在 5 年内收回投资,则

$$投资收益率 = \frac{1}{5} \times 100\% = 20\%$$

$$目标利润额 = 1000000 \times 20\% = 200000（元）$$

$$产品价格 = \frac{200000 + 200000}{50000} = 8（元）$$

一个新投产的企业往往会把投资回收作为自己经营中最重要的目标,即使是老企业,有时在科研和新产品的开发上花费了巨额投资,当新产品投入市场后,首先考虑的也是投资回收问题。所以,投资收益定价法常为一些大型企业和一些关系国计民生的公用事业单位所采用。

2. 需求导向定价法

需求导向定价法是依据买方对产品的需求强度和对产品价值的认同程度来给产品定价。它的突出特点是灵活有效地运用产品的价格差异。同类产品的价格差异与产品的成本不是直接相关的,平均成本相同的同一种产品,其价格随市场需求的变化而变化。需求导向定价法主要包括两个方法,即认知价值定价法和需求差异定价法。

（1）认知价值定价法

所谓认知价值,又称感受价值或理解价值,是指买方在观念上对产品价值的认同程度,而不是产品的实际价值。当产品的价格水平与买方对产品价值的理解和认识水平大体一致时,买方就会接受这个价格。反之,买方就不会接受这个价格,产品就会卖不出去。买方对产品价值的感受,主要不是由产品成本决定的。例如,一盒成本几元钱的减肥食品,售价在二十元时无人问津,当价格达到六十几元时消费者却争相购买,因为消费者认为六十几元的减肥食品才是货真价实、能产生减肥作用的。又如,同一杯饮料的价格在高档酒店里会比在一般小餐馆里高出几倍甚至更多,这是由于高档酒店里的环境、气氛、服务等因素提高了产品的附加价值,使消费者感到值得支付那么高的价格。

（2）需求差异定价法

需求差异定价法是企业根据市场需求在时间、数量、地区、消费水平及消费心理等方面存在的差异来确定产品价格,以满足不同的需求,促进产品销售。需求差异定价法主要有以下几种形式。

① 按顾客差异定价。即同一种产品以不同的价格销售给不同的顾客群。如工业用电与民用电的电价不同,成人与学生、儿童乘坐火车的票价不同,同一种产品卖给批发商、零售商或消费者,其价格不同,有稳定业务关系的老顾客与新建立关系的顾客或临时顾客购买同一种产品的价格也会有差异等。

② 按地区（场所）差异定价。即同一种产品卖给不同地区、不同地点、不同场所的

顾客,其价格不同。

③ 按时间差异定价。即产品的价格随时间的不同而变化。如季节性销售的产品,在销售旺季时价格较高,淡季则价格较低,节假日时产品价格与平日不同,甚至在一天的不同时段,有些产品也可以定出不同的价格,如长途电话费、电视广告费等。

采用需求差异定价法可以满足不同顾客的需求,促进产品销售,对买卖双方都有利。但在实际经济生活中,实行需求差异定价必须具备一定的前提条件:① 市场必须是可细分的,并且各个细分市场的需求有明显差异。② 顾客不可能把低价买进的产品以高价转手倒卖。③ 高价的市场上不可能有竞争者以低价竞销。④ 实行需求差异定价导致管理费用增加,增加的管理费用不能超过从实行差异定价中获得的好处。⑤ 需求差异定价法的形式必须合法,并能获得社会公众的认同。

3. 竞争导向定价法

在激烈竞争的市场上,企业为了应付竞争局面、争取顾客,常常采取竞争导向定价方法。这种定价方法是通过研究竞争对手的产品价格、生产条件、服务状况等,以竞争对手的价格为基础,确定本企业同类产品的价格。竞争导向定价法的特点是产品的价格与产品成本、市场需求没有直接关系,而主要与竞争者的产品价格有关,企业产品的价格随竞争者产品价格的变化而改变。竞争导向定价法主要有以下几种形式。

(1) 随行就市定价法。即依据本行业平均价格水平定价。对于市场竞争激烈、需求弹性难以预测或市场供需基本平衡的产品,为避免同行业企业之间爆发价格战、减少经营风险,往往采用这种定价方法。随行就市定价既能充分利用同行业的集体智慧,反映市场的正常供求情况,又能保证适当的收益,也有利于同行业企业之间的友好相处。因此,这种定价方法特别适合于实力较弱的中小企业。

(2) 投标定价法。即买方通过引导卖方竞争取得最低商品价格的定价方法,一般用于建筑工程、大型设备制造、政府或社会集团的大宗采购等。买方公开招标,卖方则密封递价,竞争投标。买方按物美价廉的原则择优选取,到期公布中标企业名单,中标企业与买方签约成交。

(3) 拍卖定价法。即卖方预先展示所要出售的产品,在一定的时间和地点按一定的规则,由买方公开叫价竞买,不再有人竞争的最高价格即为成交价格,卖方按此价格当场拍板成交。在艺术品、古董、房地产等交易中常采用这种定价方法,例如,我国中央电视台黄金时段广告发布权的价格就是采用这种方法确定的,取得了很好的效果。

✏ 练一练

为小李公司的艺术培训产品选择定价方法并计算价格。

第二步 确定定价策略

可供企业选择的定价策略有很多，一般主要有：新产品定价策略、地区定价策略、心理定价策略、折扣定价策略等。企业在充分考虑目前市场规模、市场竞争状况、顾客对产品价格的敏感度、产品的价格弹性、产品的地区成本与需求及购买力差异、消费者对价格的心理感受等因素之后，选择一种合适的定价策略，有利于顺利实现企业的营销目标。

知识链接：产品定价策略

1. 新产品定价策略

■ 新产品
定价

新产品定价是企业产品定价中的一个十分棘手的问题。新产品上市之初，产品定价没有可以借鉴的依据。价格定得高，顾客不接受，很可能会使一种原本很有前途的产品夭折，给企业造成巨大损失；价格定得低，不仅会影响企业的效益，还可能影响到企业的产品形象，也给企业其他产品的销售带来不利影响。所以，新产品定价时企业一般都很慎重。

不同类型的新产品，由于其生产经营条件不同、顾客对其需求状况不同，企业定价时可以根据具体情况选择不同的定价策略。

（1）撇脂定价策略。即为新产品定一个较高的上市价格，以期在短期内获取高额利润，尽快收回投资。这一方法的出发点是认为在新产品投放市场初期，竞争者与替代品都很少，因而可以乘机大捞一把，就好像要把牛奶上面的一层奶油撇出来独自拥有一样。这样不仅能迅速收回前期产品研制投资，还可以获得较高的利润。

采用撇脂定价策略的前提条件是：①新产品有足够多的购买者，并且需求弹性较小。②索取高价带来的好处必须大于小批量生产所导致的产品成本的增加。③新产品较难仿制，高价格不会迅速引来大量竞争对手。④较高的价格能够使顾客对新产品产生高档的感觉，而不会被认为是牟取暴利。⑤企业的产品质量与所定的高价格相符合。

（2）渗透定价策略。即为新产品定一个较低的上市价格，目的是使新产品一上市就能吸引大量的顾客，迅速打开市场，并赢得较高的市场占有率。同时，有效地阻止竞争者进入市场，从而为企业长期占领市场打下坚实基础。采用这一定价策略的企业，在进入市场的初期可能会有亏损，但随着产品产销量的扩大，产品成本下降，不仅可以弥补亏损，还会因为较高的市场占有率而获得丰厚的利润。

采用渗透定价策略也需要具备一定的前提条件：①顾客对产品的价格非常敏感，

产品的价格弹性较高,采取低价能刺激需求迅速增长。②企业能采用大量生产方式生产这一产品,并且随着产品产销量的增加,产品的平均成本能够下降,即具有规模效益。③低价能够有效地阻止现有竞争对手和潜在竞争者进入该产品市场。④新产品的潜在市场需求量非常大。

2. 地区定价策略

所谓地区定价策略,就是企业要决定对于卖给不同地区的顾客的某种产品,是分别制定不同价格,还是制定相同的价格。也就是说,企业要决定是否制定地区差价。

(1) FOB(free on board)原产地价。所谓 FOB 原产地价,就是顾客按照出厂价购买某种产品,企业只负责将这种产品运到某种运输工具(如卡车、火车、船舶、飞机等)上交货。交货后,从产地到目的地的运输过程中的一切风险和费用概由顾客承担,即每一个顾客都要负担从产地到目的地的费用。这样定价对企业也有不利之处,即离企业远的顾客有可能不愿意购买这类企业的产品,而购买其附近企业的产品。

(2) 统一交货定价。统一交货定价就是企业对于卖给不同地区的顾客的某种产品,按照相同的出厂价加相同的运费(按平均运费计算)定价。也就是说,对于全国不同地区的顾客,不论远近,都实行一个价。因此,这种定价又叫邮资定价。

(3) 分区定价。所谓分区定价,就是企业把全国(或地区)分成若干价格区,对于卖给不同价格区的顾客的某种产品,分别制定不同的地区价格。距离企业远的地区,产品价格定得较高;距离企业近的地区,产品价格定得较低。

3. 心理定价策略

产品定价不但要考虑经济因素,也需要分析、研究心理因素。利用消费者的不同心理需要和对价格的不同感受,可以制定出多种不同的心理定价策略。常见的心理定价策略有以下几种。

(1) 声望定价策略。这是指利用顾客向往名牌产品或著名产品生产销售企业的心理来确定产品价格的策略。采用这种策略往往把产品的价格定得较高。声望定价策略尤其适用于产品质量不易鉴别的产品。由于顾客不容易区别不同品牌产品的质量,就会以品牌及价格来决定取舍,认为著名企业生产销售的产品,其质量一定会比较好,即使价格较高也会乐意购买。另外,一些炫耀性产品也必须保持较高的价格水平,以符合消费者的购买心理。当然这类产品的价格也不能过高,使顾客不能接受,甚至产生反感。

(2) 尾数定价策略。即利用顾客对数字认识上的某种心理,在价格的尾数上做文章。这一策略在一些发达国家已经有了比较深入的研究和普遍的应用,在我国,很多企业也在进行这方面的实践探索,尤其在消费品销售企业。例如,国外很多企业将产品价

格定为 0.99 元,而不定为 1.00 元,这可以使顾客认为产品定价准确。我国的很多企业将产品价格的尾数定为 8,就是由于广东话中 8 与"发"同音,顾客有讨个吉利的心理需求。但这一定价策略在我国的进一步应用,还要结合我国消费者的购买心理进行更深入的研究。

(3)招徕定价策略。即企业利用顾客求廉的心理,特意将某几种产品的价格定得较低,以此作为吸引顾客的手段,带动其他产品的销售。所以,这一定价策略又被称为特价品定价策略或"牺牲品"定价策略。在采用这一策略时应注意,作为招徕顾客的"引子"产品,一般应为受到顾客喜爱的畅销产品,否则起不到吸引顾客的作用。

4.折扣定价策略

(1)现金折扣。即对约定日期付款或提前付款的客户给予一定的折扣。例如,顾客在 30 天内必须付清货款,如果 10 天内付清货款,则给予 2% 的折扣。这有利于加速资金周转,减少坏账损失。

(2)数量折扣。这是指按购买数量多少,给予不同的折扣,购买数量越多,折扣越大,鼓励顾客购买更多的物品。因为大量购买能使企业降低生产、销售、储运、记账等环节的成本费用。例如,顾客购买某种物品 100 单位以下,每单位价格为 10 元;购买 100 单位以上,则每单位价格为 9 元。

(3)功能折扣,又叫贸易折扣。功能折扣是指制造商给予某些批发商或零售商的一种额外折扣,促使它们执行某种市场营销功能(推销、储存、服务)。

(4)季节折扣。生产季节性商品的企业对销售淡季来购买商品的买主给予折扣优待,零售企业对于购买过季商品或服务的顾客给予一定的折扣,均属季节折扣。这有利于企业的生产和销售在一年四季保持稳定。例如滑雪橇制造商在春夏给零售商以季节折扣,以鼓励零售商提前订货;旅馆、航空公司等在营业额下降时给顾客以季节折扣。

(5)价格折扣。这是另一种类型的价目表价格的降低。例如,一台冰箱标价为 3000 元,顾客以旧冰箱折价 200 元购买,只需付给 2800 元,这叫以旧换新折扣。如果经销商同意参加制造商的促销活动,则制造商卖给经销商的物品可以打折,这叫促销让价。

✎ 练一练

为小李公司的艺术培训产品选择定价策略。

🔍 能力拓展

各小组在了解、熟悉产品定价方法,掌握定价策略种类的基础上,完成模拟公司的产品定价方案并确定定价策略,提交一份 1000 字以上的产品定价方案。

任务三：设计渠道策略

随着现代物流技术和大数据、云计算在企业营销中的融合运用,渠道资源已成为企业重要的竞争优势之一,尤其在渠道扁平化、多元化的今天,销售渠道的选择已成为企业营销策略的重要组成部分。

工作步骤

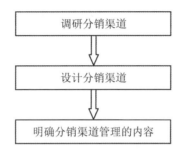

第一步　调研分销渠道

分销渠道也称为销售渠道、分配渠道、流通渠道。它的起点是产品的生产者,终点是产品的最终消费者(或用户),中间环节则由一切协助产品进行有效转移的所有企业和个人组成。简单来说,分销渠道就是产品在其所有权转移过程中从生产领域进入消费领域的途径。

活动顺序··

1.分析最终用户需求。明确企业的产品到底是卖给哪些人的,这些人在什么情况下如何使用该产品。

2.定位目标市场。通过5W1H(何时?何地?何物?何人?为什么?如何购买?)界定自己的目标市场在哪里。

3.寻找渠道最佳接触点。以竞争对手为参照,在渠道设置与消费者的最佳接触点中突出自己的竞争优势。

知识链接：分销渠道的作用

1.加速商品流通,为生产者开拓广阔的市场

企业的发展、壮大导致企业目标市场的范围不断扩大,而大部分生产企业囿于资源和能力,并不是将产品全部直接销售给最终消费者或用户,而是借助于一系列中间商,即分销渠道来完成销售。企业只有合理地选择和利用分销渠道,才能低成本、高效率地

将产品销售给消费者和用户,通过满足他们的需要来使商品的价值得以实现,从而使企业的生产经营活动获得进一步发展的基础和保障。

2. 提高生产企业的市场营销活动效率

如果离开由中间商构成的分销渠道的支持,由生产企业直接将产品销售给顾客,产品生产企业将会陷入繁重复杂的购销交易工作之中,其复杂程度是难以想象的。

3. 反馈市场信息,有助于企业进一步调整生产经营行为

对一个生产企业来说,分销渠道不仅是将产品输送给消费者的工具,而且还要承担反馈市场信息的职责,要很好地实现市场信息反馈的功能。合理有效的分销渠道将使企业及时、准确地获得相关的市场信息,从而为下一阶段的生产计划调整提供依据;分销渠道选择不当,市场信息不能及时反馈或出现变形、失真,将给企业的生产经营决策造成不良影响,使企业蒙受巨大的经济损失和声誉损失。

🔍 知识链接:分销渠道的特征

每一条分销渠道的起点都是产品生产企业,终点则是那些在生活消费或生产消费中使用产品的消费者或用户。

分销渠道是一些相关经营组织和个人的组合,如生产者、各种代理商、批发商、零售商等。只有这些组织和人员共同努力才能使商品从生产者流向最终消费者。这些组织和个人担负着不同的营销职能,为追求共同的经济和社会利益结成伙伴关系,同时也会因各自独立的经济利益而发生矛盾和冲突,需要进行总体的管理和协调。

在商品从生产企业向最终消费者或用户流动的过程中,商品的所有权也要发生转移。商品所有权转移的次数取决于流通过程中间环节的多少,所有权转移的形式取决于中间商的类型。

在产品的分销过程中,产品所有权的有效转移还要受到产品信息沟通、货币转移方式等因素的影响,产生相应的资金流、信息流等活动形式。

第二步 设计分销渠道

设计分销渠道就是要根据企业的目标顾客和营销目标确定分销渠道的长度、宽度及其结构。

活动顺序··

1. 确定分销渠道的长度。

2. 确定分销渠道的宽度。

3. 选择中间商。

🔍 知识链接：分销渠道的类型

■ 分销渠道
的类型

1. 长度不同的渠道

按通过流通环节的多少，可以将企业的分销渠道划分为以下四类。

（1）零级渠道：制造商—消费者。

（2）一级渠道：制造商—零售商—消费者。

（3）二级渠道：制造商—批发商—零售商—消费者，或者制造商—代理商—零售商—消费者。

（4）三级渠道：制造商—代理商—批发商—零售商—消费者。

分销渠道的长度取决于商品在整个流通过程中经过的流通环节或中间层次的多少，经过的流通环节或中间层次越多，分销渠道就越长，反之分销渠道就越短。

长渠道好还是短渠道好，在实际的渠道决策时不能一概而论，必须具体问题具体分析。分销渠道长度决策的指导原则是：企业选择的渠道类型应具有较高的分销效率和经营效益。企业在选择自己的分销渠道时，关键是要针对自身条件和环境要求，权衡利弊得失，选择出适合本企业和产品的渠道。一般情况下，当企业产品是在较小的地区范围内销售，或产品销售的时效性较强时，采用较短的分销渠道。否则，分销渠道要长一些，这样可以提高产品在市场上的渗透能力。

2. 直接渠道和间接渠道

按照分销渠道中是否有中间环节，可以将企业的分销渠道划分为直接渠道和间接渠道。

（1）直接渠道

直接渠道是指生产企业不通过中间商环节，将产品直接销售给最终消费者或用户的分销渠道。产品的商业流通功能由生产企业自己承担，产品的产和销全部都由生产企业直接完成，即直销，该渠道属于零级渠道。

直接渠道的优点是：销售及时，易于了解市场信息，便于生产企业开展维护服务等；更重要的是直销可以使购销双方在营销方式上相对稳定。

直接渠道的不足表现在，生产企业必须承担销售所需的全部人力、物力和财力，在市场相对分散的情况下将会给企业带来沉重的负担；更重要的是，生产者将失去中间商在销售方面的协作，产品价值的实现增加了新的困难，目标顾客的需求难以得到及时满足。

直接渠道是工业品分销的主要类型。采用这种直接分销渠道的主要是一些大型

135

设备、专用工具、技术复杂程度较高且需要提供专门技术服务的生产资料类产品的生产企业。在消费品市场中,鲜活商品和部分手工业制品也有着传统的直销习惯。目前,随着新技术尤其是计算机技术在流通领域的广泛应用,直销方式有了进一步扩大的趋势。

（2）间接渠道

间接渠道是指生产者利用各种不同类型的中间商,包括代理商、批发商、零售商等,把产品销售给消费者或用户的分销渠道。间接渠道包括一、二和三级渠道,中间商参与和介入了商品的交换活动。

中间商在产品流转的起点同生产者相连,在其终点与消费者相连,从而有利于调节生产与消费在品种、数量、时间与空间等方面的矛盾。因为大多数生产企业缺乏直接销售产品的财力和经验,采用间接渠道能够充分利用中间商在市场中已有的广泛业务关系以及人力、物力、财力等,以较高的效率和准确性向目标市场提供产品,既有利于满足目标顾客的需求,也有利于企业产品价值的实现,更能使产品广泛地分销,巩固已有的目标市场,扩大新的市场,获得高于直接销售所取得的利润。

间接渠道是消费品销售采用的主要渠道,有些工业用品如次要设备、零备件等的销售也经常使用这种渠道。

3. 宽度不同的渠道

分销渠道宽度是指分销渠道的每个层次上,使用同种类型中间商的数目。分销渠道的宽度,取决于分销渠道内每个层次上使用同种类型中间商数目的多少。分销渠道的每个层次上,使用同种类型中间商的数目越多,分销渠道越宽,反之分销渠道就越窄。

在企业的营销实践中,究竟是采用较宽的渠道还是较窄的渠道,主要取决于生产企业的分销策略和产品本身的特点。如果生产企业的分销策略是扩大产品的市场覆盖面,或者企业生产的产品是便利品,就应该选择较宽的渠道,以便占据更大的市场;而对于选购性较强的产品和特殊产品,或者企业是以维护良好的产品信誉、建立稳固的市场竞争地位作为自己分销策略的重点,分销渠道就可以相对窄一些,使企业可以集中资源和能力来实现其营销战略。

企业在销售其产品时,究竟在每一个流通环节或层次上要使用多少个批发商或零售商,企业的销售策略将会对这一决定产生很大的影响。一般来说,企业采用的销售策略主要有以下三种。

（1）覆盖式销售策略。即企业尽可能增加批发商、零售商的数量,以密集的销售网点推销其产品,以求扩大市场覆盖面或快速进入并覆盖一个新市场。这种策略比较适合于便利品（如日用品、低值易耗品等）的销售,工业用品中的通用机具销售也经常采用这种策略。

（2）选择式销售策略。即企业在某一地区仅选择几个有实力的、有信誉的中间商经销自己的产品，目的在于维护产品的品牌信誉，建立稳固的市场，形成比较固定的消费群体。这种策略比较适合于消费品中的选购品（如时装、家用电器等）的销售，尤其是一些新产品在试销阶段适宜采用这种策略。

（3）垄断式销售（独家销售）策略。即企业在某一地区只选择一个中间商经销自己的产品，双方通过签订经销合同的方式来确定各自的权利与义务，以达到调动中间商的积极性、扩大经营规模、充分利用中间商的商誉和经营能力、有效地控制市场的目的。这种策略比较适合于特殊品（如专利产品、具有品牌优势的产品以及面向专门用户的产品等）的销售。

知识链接：中间商的职能

中间商是指处于生产者和消费者之间，参与产品交易活动，促进买卖行为发生和实现的具有法人资格的经济组织或个人。其职能主要包括以下几个方面。

（1）信息沟通及调研。这是企业选择中间商的主要原因之一，中间商通过收集与反馈有关市场供求状况、顾客、竞争对手以及其他方面的信息，为生产企业的营销决策工作提供可靠的数据支持。

（2）风险承担。中间商参与到企业产品的销售环节中可以承担部分市场营销风险，从而降低了生产企业的经营风险，有助于保持生产企业的经营稳定性。

（3）产品促销。对于促销活动的开展，中间商起到越来越积极的作用，企业与中间商合作开展旨在吸引顾客、增进产品销售的促销活动，提高各自的经济效益，扩大各自的社会影响。

（4）洽谈及订货。这是中间商的基本经济活动，通过双方的协商或协议，力求以最有利的条件实现产品所有权的转移。

（5）实体分配及产品分类。这属于物流的范畴，中间商通过自营或委托物流实现产品实体从生产者到最终消费者的连续性储运工作，有时还必须同时承担按消费者的要求对产品进行分类搭配等工作。

（6）筹集资金。这是中间商生存和发展的前提和保证，上述功能的实现必须建立在这一基础之上。为了经营活动的顺利开展以及保持一定水平的存货等，中间商必须设法筹集存储产品所需要的资金。

知识链接：批发商

批发商是指从生产企业或其他中间商大量购进商品，转售给零售商或生产企业的

中间商。

批发商是产品流通的大动脉,是关键的环节,它是连接生产企业和商业零售企业的枢纽,是调节商品供求的蓄水池,是沟通产需的重要桥梁,对企业改善经营管理及提高经济效益、满足市场需求、稳定市场具有重要作用。

1. 批发商的职能

(1) 销售与销售促进职能。批发商通过其销售人员的业务活动,可以使制造商有效地接触众多的小客户,从而发挥促进销售的作用。

(2) 采购与货物分类职能。独立批发商采购产品后,通过分类、分等、分割,将各个生产商生产的各类商品分配成零售商所需要的货物,供应给零售商,可以缩短顾客选购产品的时间,以满足消费者的多样化需求。

(3) 运输、仓储服务职能。独立批发商还通过运输、仓储等业务,调节不同时间、不同地区的供求。

(4) 提供信息职能。批发商把来自生产商和零售商(代表消费者)的购销信息汇集在一起,反馈给制造商,成为沟通信息的中枢。批发商向制造商和零售商提供有关的市场信息,可以减少制造商、零售商盲目生产、盲目进货而造成的损失。

2. 批发商的主要类型

批发商主要有三种类型,即商人批发商、经纪人和代理商、制造商的销售机构。

(1) 商人批发商(也称为独立批发商)。商人批发商指的是自己进货,取得商品所有权后再批发出售的商业企业。商人批发商是独立企业,对其所经营的商品拥有所有权。商人批发商是批发商的最主要的类型。

(2) 经纪人和代理商。经纪人和代理商是从事购买、销售或二者兼有的洽商工作,但不取得商品所有权的商业单位。他们不存货,不卷入财务,不承担风险,多见于食品、不动产、保险和证券行业。

经纪人和代理商与商人批发商最大的差异表现在其经营的商品所有权问题上,经纪人和代理商没有货物的所有权,所提供的服务比商人批发商提供的还少,其主要职能在于为买卖双方的交易提供方便,从中收取一定比例的佣金作为自己的报酬收入;两者的相似之处在于他们通常都专注于某些产品种类或某些顾客群。

同时,经纪人和代理商之间也有区别,主要表现在产品的处置权上。经纪人的主要作用是为买卖双方牵线搭桥,协助他们进行谈判,并向雇用一方收取费用,他们既不持有存货,也不参与融资或承担风险,对产品不具有任何处置权;代理商虽然不拥有产品的所有权,但对产品有一定的经营处置权。

经纪人和代理商主要有商品经纪人、制造商代理商(也称为制造商代表)、销售代理商、采购代理商和佣金商等几种形式。

（3）制造商的销售机构。其一般指的是制造商在某一区域设立的分销服务机构，以省级销售机构居多。制造商通过自己设立的销售机构来发展自身，提高自身产品的市场占有率，可以最大限度地提高收益回报，体现在职能方面就是最完全的销售服务。从组织功能角度分析，这类机构在工作中监督管理的功能更多，而更完全的销售只能由大量下游的各种类型渠道商完成。

知识链接：零售商

零售指的是直接向最终消费者销售商品或提供服务的活动。零售商就是从事这些活动的中间商。零售商仅指那些主要服务于广大消费者，满足个人或家庭多样化、小批量消费需要，销售量和销售额主要来自零售活动的中间商。

1. 零售商的职能

零售商的基本任务是直接为最终消费者服务，其职能包括购买、销售、调用、存储、加工、拆零、分包、传递信息、提供销售服务等。同时零售商又是联系生产企业、批发商与消费者的桥梁，在分销渠道中具有重要作用。

（1）直接为最终消费者服务。零售交易与批发交易的不同在于要直接面向最终的消费者，必须通过优质的服务来赢得顾客，所以对营业员的业务素质和服务水平有很高的要求。

（2）信息沟通。零售商由于直接接触消费者，可以对消费者的需求和消费倾向有最及时和准确的了解，并将其反馈给生产企业。同时也可以向消费者不断输出商品的信息，使消费者对企业产品产生信赖，开创企业的品牌之路。

（3）提供综合服务。除了优质的产品和服务质量，零售现场的展示也是不可或缺的，比如美丽的橱窗、温馨的环境等。有的零售商店还设有公用电话、中介、家政、娱乐等服务项目和设施。

2. 零售商的主要类型

零售商可以分为三种基本类型，即商店零售商、非商店零售商和零售组织。

（1）商店零售商

①专用品商店。这类零售商店往往只经营某一类产品，产品组合较少，但所经营的产品的花色、品种、规格、型号较为齐全。一般以经营的主要商品类别为店名招牌，如服装商店、五金商店、饮食商店等。

②百货商店。百货商店经营的商品类别多样，每一类别的商品品种齐全，经营部门按商品的大类进行设立，是多个专业店的集中或集合。经营特点是类别多、品种及规格

全,服务水平高。百货商店大多设在城市繁华区和郊区购物中心,店内装饰富丽堂皇,橱窗陈列琳琅满目。

③超级市场。这是一种以薄利多销、顾客自我服务为特点的零售商店,主要经营各类中低档日用消费品。其营销策略是通过减少服务项目,降低营销成本,以较低的价格吸引顾客。近年来,超市经营的品种越来越齐全,以满足顾客一次性购齐的需要。超市的主要竞争对手是方便食品店、折扣食品店和超级商店等。

④大型商业综合体。随着城市的发展,商业综合体应运而生。它是将商业、办公、居住、展览、餐饮、会议、文娱等城市生活空间的三项以上功能进行组合,并在各部分间建立一种相互依存、相互裨益的能动关系,从而形成一个多功能、高效率、复杂而统一的综合体。大型商业综合体一般设置在新开发区的中心商贸区、城市副中心、中央商务区和交通枢纽,有完整的工作、生活配套运营体系。

其他的零售商形式有方便商店、超级商店、联合商店、特级商场、折扣商店、仓储商店以及产品陈列推销店等。近年来,还涌现了无人超市这种新型的零售业态。

(2)非商店零售商

非商店零售商主要有以下三种形式。

①网上商店。网上商店又称虚拟商店、网上商场或电子商场,目前已成为零售商业的典型组织形式。利用互联网技术,顾客可以在计算机或手机上购物,商人可以贩卖产品、服务,还可以缩减维护实际店面的营销和管理成本。网上商店的好处很多。首先,有些商品价格比传统商业模式中的商品价格低;其次,花样、品种的选择较多;第三,对于某些商品来说,比如书籍和音像制品,网上搜寻和选择更为便利;第四,送货上门,方便快捷。

②直接销售。直接销售主要有挨门挨户推销、逐个办公室推销和举办家庭销售会推销等形式。由于需要支付雇用、训练、管理和激励销售人员的费用,因而直接销售的成本很高。目前,直接销售所存在的问题已经引起很多人对这种销售方式的反感。

③自动售货。自动售货就是利用自动售货机进行商品销售。这是将自动售货机设置在人流量较大的交通要道以及车站、码头、机场、邮局、影院等场所,自动向顾客出售商品的售货方式。自动售货的成本较高,因此商品的销售价格比一般水平要高15%～20%。

(3)零售组织

零售组织主要有连锁商店、自愿连锁商店、零售店合作社、消费者合作社、特许专营机构和零售商合作社五种类型,下面着重介绍其中的三种。

①连锁商店。连锁经营起源于美国,1859年美国纽约的大西洋茶叶公司开启了连锁经营的先河。从世界各国的情况看,连锁经营方式已经渗透到饮食、服务业的各个领

域,现已发展到大型百货店、大宾馆饭店、综合批发企业的连锁,而且在深度和广度方面仍存在着进一步发展的潜力。在发达国家和地区,连锁销售一般都占到市场销售额的较大比例。连锁经营主要有三种形式:正规连锁、自由连锁和特许连锁(也称为特许经营)。

②消费者合作社。消费者合作社是一种消费者自发组织、自己出资、自己拥有的零售单位。消费者合作社采用出资人投票方式进行决策,并推选出一些人对合作社进行管理。消费者合作社可以将产品定价较低,也可以按正常价格销售,年终根据每个人的购货数量给予惠顾红利。

③零售商合作社。零售商合作社是中小零售商为对抗大零售商和零售集团而自发地以契约形式进行横向联合的零售组织。零售商合作社通过统一进货和联合进货取得价格优势,从而在商品销售中获得与大零售商抗衡的条件,并通过综合性、整体性的管理运作为零售商创造良好的经营环境与条件。

🔍 知识链接:影响分销渠道方案设计的因素

1. 市场特性

市场状况直接影响产品销售,因此,它是影响分销渠道设计的重要因素之一。市场特性主要涉及目标市场范围、顾客的集中程度、顾客的购买习惯和购买频率、需求的季节性以及市场竞争状况等因素。

2. 竞争特性

企业分销渠道的设计往往要受到竞争对手的分销渠道的影响。竞争特性主要涉及竞争者的实力、营销目标、营销战略以及市场营销组合策略等情况。

3. 产品特性

产品的价格、产品的体积和重量、产品的类型和品种、产品的规格、产品的式样、产品组合的状况、产品的自然生命周期、产品的标准性和专用性、产品的市场生命周期以及产品的销售量等因素是产品的特性,这些因素将会影响企业的分销渠道决策。

4. 中间商特性

不同的中间商的实力、特点各有不同,在广告、运输、储存、信用、训练人员、送货频率等方面具有不同的特点,从而影响生产企业对分销渠道的选择。中间商特性主要涉及中间商的类型、执行的职能与可能提供的服务、实力状况、市场声誉、分销业绩与经验等方面。

5. 企业自身特性

企业自身特性涉及企业的规模和声誉、营销战略与政策、管理能力与经验以及企业

控制渠道的愿望和能力等。

6. 宏观经济环境和法规特性

宏观经济环境特性涉及的因素较多,如经济形势、交通运输条件、民族传统与民族习惯等,一些关系国计民生的重大商品,必须按国家规定的分销渠道销售,像粮食、棉花、石油等;法规特性所涉及的因素主要有专卖制度、反垄断法、进出口规定和税法等,如税收政策、价格政策等因素都影响企业对分销渠道的选择,烟酒的专卖制度就要求企业应当依法选择分销渠道。

练一练

填写小李公司的艺术培训分销渠道设计表(表4-4)。

表4-4　分销渠道设计表

设计内容	具体内容要素描述
确定适合该产品的销售渠道	
列出确定以上渠道的依据	
列出拟采用中间商的类型	

第三步　明确分销渠道管理的内容

活动顺序

1. 制定渠道驱动政策。
2. 运营渠道,即具体执行渠道驱动政策。
3. 评估、淘汰渠道。

知识链接:渠道驱动因素

企业对经销商的吸引与控制一般通过相关销售驱动政策实现,驱动政策是决定渠道好坏的重要因素与关键因素,我们将这些因素称为渠道驱动因素,常见的渠道驱动因素有以下6种。

(1)产品核心竞争力:包括产品的款式、花色、新品上市速度。

(2)市场管理能力:企业对市场秩序的维护能力、渠道管理能力、对价格体系的维护能力、服务能力、配送能力等。

(3)价格政策:产品的利润空间、库存周转速度等。

（4）渠道返利政策：如商业补贴、提货返点、模糊返利、退换货政策、新品样品政策、各种补贴政策等。

（5）市场推广政策：如终端建设政策、广告政策、技术员投入政策、是否有新品推广专项费用等。

（6）企业的经营实力。

🔍 知识链接：渠道运营

渠道运营本质上体现一个企业的管理能力与执行能力。我们都知道可口可乐、麦当劳的核心竞争力与运营政策，但是我们的企业去复制其竞争优势时，却往往以失败告终。戴尔的直销体系人人都在模仿，但多数企业均不得其门而入。这些跨国企业积累多年的文化与管理优势是其他企业在短期内学不来的。

在企业渠道运营的过程中，不可能每个经销商都成为企业忠诚的或者合格的伙伴。实际上，根据二八定律，企业 20% 的核心客户往往是企业 80% 的销售额与利润来源。因此，企业淘汰经销商或经销商放弃经营企业的产品是最常见的事情。比如有些经销商连续多次在企业考评中的评分低于正常值，或连续多月未完成任务，或低价窜货，或扰乱市场秩序，情节严重，或破产、资产转移、核心业务转移，或散播不利言论，情节恶劣。关键是企业要有正常的预警机制"防患于未然"，不能等到问题出现才去解决。

🔍 知识链接：分销渠道的管理

1. 分销渠道方案的评估标准

（1）经济性标准。经济性标准是分销渠道方案评估的最主要标准，主要是通过比较分销渠道的销售额与销售成本之间的关系，对不同渠道的经济效益进行评估。

（2）控制性标准。企业对分销渠道的选择不应仅考虑短期经济效益，还应考虑分销渠道的可控性。如果生产企业不能对渠道运行有一定的主导性和控制性，分销渠道中的物流、物权流、货币流、促销流、信息流就不能顺畅有效地流动。所以，企业在评估分销渠道方案时，要根据本企业的实力和产品状况，尽量增强自己对渠道的控制力，从而为企业营销目标的顺利实现打下良好的基础。

（3）灵活性标准。企业在选择分销渠道时就必须充分考虑其灵活性。首先是地区的灵活性，在某一特定的地区建立商品的分销渠道，应根据该地区的市场环境、消费水平、生活习惯等做出灵活的决策；其次是时间的灵活性，根据不同时间商品的销售状况，应能采取不同的分销渠道与之相对应。因此，生产者在选择和设计分销渠道时必须考虑分销渠道的环境灵活性和时间可调整性问题。

总之,一个分销渠道方案只有在经济性、控制性和灵活性等方面都具有比较优势时才可予以考虑。

2.选择渠道成员的注意事项

(1)确定中间商类型。中间商一般有批发企业和零售企业、外贸进出口公司、新型的连锁商业企业(如连锁超市、专营连锁和便利连锁)。对于中间商的类型选择,要基于产品属性、销售区域、物流载体以及售后服务要求等多因素进行考虑。

(2)根据本企业的经营缺陷和中间商的经营能力,在销售规模、销售点分布、资金能力与信用、信息、物流和服务条件等方面,选择那些经营能力强、条件齐全或能明显弥补本企业经营缺陷的中间商。

(3)所选择中间商的市场范围是否与本企业产品的目标营销范围相一致。如果不具备这一条件,就不能使企业的产品有效地到达目标顾客,从而使企业营销目标的实现受到极大影响。如果没有合适的中间商独家代理,可在同一目标市场和销售空间内物色若干中间商,形成区域性分销系统内的竞争压力,同时也要适当控制同一区域内中间商的数量和密度。

(4)选择中间商业务方式,即是采用独家代理、多家普通代理,还是经销约定或与各种中间商随机合作。

(5)考察所选择中间商的资金及信用状况是否良好,其采用的付款方式能否为本企业接受。在市场竞争行为不甚规范、假冒伪劣产品盛行的环境中,应当有较高的标准约束中间商的业务行为,应对中间商的信用状况进行考核,物色那些商业信誉好、消费者信赖的中间商,将其作为主要的分销合作对象。

(6)所选择中间商的经历及发展潜力如何、是否具备较高的管理水平,也是生产企业选择合作伙伴的重要参考因素。这是一种综合性因素,能全面反映某一中间商能否成为一个良好的合作伙伴。所以,必须对备选中间商的从业年限、协作能力、声誉以及经营思想、经营作风、管理风格、内部组织机构设置、管理体制等方面进行全面考查。

上述六个方面是企业在对其渠道成员进行选择时一般要考虑的因素,在实践中企业要根据企业营销战略和战术、企业资源以及企业发展阶段等做出取舍,选择那些对企业发展有重大影响的要素进行严格、详细的考核和评估,同时运用一些数学方法进行决策的量化,从而使决策更具规范性、科学性和合理性。

3.激励渠道成员

营销渠道成员激励是渠道管理的重要内容之一。对营销渠道成员的激励是否有效,直接关系到渠道管理目标能否顺利实现。激励渠道成员的方法有很多种,依据激励措施针对的对象不同,可以分为针对总代理、总经销的激励以及针对二级代理甚至零售终端的激励;依据激励实施的时间不同,可以分为年度激励、季度激励和月度激励等;依据激励采取的手段不同,可以分为直接激励和间接激励等。

4.评估和调整渠道成员或整个渠道

(1)评估渠道成员的绩效。评估的内容包括:渠道运行环境评估、渠道战略与战术评估、渠道运行绩效评估、中间商及销售人员评估。

(2)渠道的调整及完善。分销渠道的调整可以从三个层次来考虑:从经营的具体层次看,可能涉及增减某些渠道成员;从特定市场规划的层次看,可能涉及增减某些特定分销渠道;在企业系统计划阶段,可能涉及整个分销系统构建的新思路。

①增减某些渠道成员。在分销渠道的管理与改进活动中,最常见的就是增减某些中间商。当个别中间商经营不善造成市场占有率下降,进而影响到整个渠道效益时,可以考虑对其进行削减,以便集中力量帮助其他中间商做好工作,同时可重新寻找几个中间商替补;市场占有率的下降,有时可能是由于竞争对手分销渠道扩大,这就需要考虑增加中间商数量。

②增减某些分销渠道。当企业在某一目标市场中仅通过增减个别中间商不能解决根本问题时,就要采取增减某些分销渠道的做法。如营养保健品生产企业前些年主要以药品批发零售渠道来销售产品,近几年,随着医疗保健制度的改革,这类产品的销售受到一定程度的影响,许多企业开始寻求新的销售渠道。

(3)调整整个分销渠道系统。即对企业以往的分销渠道进行通盘调整。对企业来说,最困难的渠道变化决策就是调整整个分销渠道系统,因为这种调整不仅是渠道策略的彻底改变,而且产品策略、价格策略、促销策略也必须做相应调整,以期和新的分销系统相适应,所以必须慎重对待。

练一练

填写小李公司的艺术培训产品渠道管理表(表4-5)。

表4-5　渠道管理表

策划内容	具体内容要素描述	备注
针对某一产品的具体情况,制定发展中间商的条件和要求		
渠道成员的激励措施		

能力拓展

各小组在了解、熟悉产品渠道策略的内容和渠道选择的步骤与方法的基础上,经过

小组内讨论分析,整合思路,为自己模拟公司的产品设计渠道策略,并撰写完整的产品渠道设计方案。

任务四: 设计广告策略

■ 促销和促销组合

　　美国市场营销协会为广告所下的定义是:广告是由特定的广告主以付费的方式通过各种传播媒体,对商品、劳务等信息进行的非人员促销活动。在资讯发达的今天,要使目标顾客能准确、主动地接受广告信息,必须具有独特的广告创意,广告策略也就成了营销组合策略的重要内容之一。从广义上讲,任何信息传递与说服的过程都可以称作广告。在市场营销学中,广告通常指的是狭义的广告,也叫商业广告。

工作步骤

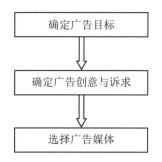

第一步　确定广告目标

活动顺序

1. 确定广告具体目标。
2. 根据广告目标决定广告内容。

　　企业实施什么样的广告策略往往需要由具体的广告目标来决定。企业的广告目标通常有:提高知名度、抑制对手、品牌价值宣传、劝服消费者、改变消费观念、提升短期的消费量等。企业通过广告活动,既可以实现某一个目标,也可以同时实现多个目标。

知识链接:广告的特征

一般说来,广告有以下特征。

(1) 广告的发布者,即广告主,是商品或服务的提供者,主要是工商企业。

(2) 广告的内容主要是关于商品和服务的信息。所以,商业广告有别于社会广告、公益广告等。

（3）广告的对象是广大消费者。它既区别于面向有限消费者的人员推销方式，也区别于面向社会公众的公共关系促销方式。

（4）广告是需要支付一定费用的促销手段，新闻报道等就不是广告。

（5）广告须通过一定的媒体，把企业的产品或劳务信息传播给消费者，以引起其注意，使其对产品或劳务产生深刻印象，唤起消费者的购买欲望。广告不是通过人员的直接见面来传递信息的。

🔍 知识链接：广告活动的基本要素

广告是一种动态活动过程，不仅仅指某种信息。通常，广告活动由广告主体、广告内容、广告媒体和广告客体四个要素构成，缺一不可。

（1）广告主体。广告主体指广告活动的提议者、策划创作者、实施者，主要包括广告主、广告经营者、广告发布者。广告主体是广告活动的基础。

（2）广告内容。广告内容即广告传递的基本信息，包括企业产品信息、管理信息、人才信息及整体形象信息等。

（3）广告媒体。广告媒体指发布广告的传播媒介，如报纸、杂志、广播、电视、互联网等，其是广告传播的物质技术条件。

（4）广告客体。广告客体指广告传播需要影响的消费者，包括现在的消费者和潜在的消费者。

广告的四个构成要素是一个系统、一个有机的整体，是相互联系、彼此制约的，同时也受到整个市场宏微观环境的影响。

🔍 知识链接：广告分类

1. 按广告内容不同划分

（1）告知性广告，主要用于介绍产品用途、特点或使用方法以及生产企业的情况和所能提供的服务。这类广告常用于产品的投入期，希望能引起消费者的注意。

（2）说服性广告，旨在培养消费者的品牌偏好，鼓励消费者使用本企业产品，改变消费者对产品特性的认识，说服顾客购买本企业产品。在产品的成长期，这类广告特别适用。

（3）提示性广告，用来提醒顾客注意企业的产品，加深顾客记忆，提高其重复购买率。这类广告在产品成熟期经常被使用。

2. 按广告目的不同划分

（1）商品广告，即用于传播商品信息、激发顾客需求，具有推销目的。

（2）企业广告，侧重于介绍企业历史、成就、经营范围等，旨在加深社会印象，推动经营事业的发展。

3. 按广告性质不同划分

（1）商业性广告，目的在于推销商品或提供劳务，谋取经济利益。

（2）公共服务性广告，目的在于通过某种社会活动或社会公益活动，提高企业的知名度和美誉度。

4. 按所使用的媒体不同划分

（1）报纸广告。

（2）杂志广告。

（3）广播广告。

（4）电视广告。

（5）互联网广告。

此外，还有电影广告、幻灯片广告、包装广告、海报广告、招贴广告、POP（point of purchase）广告（又称售卖场所广告）、交通广告、直邮广告等。随着新媒体的不断增加，依媒体划分的广告种类也会越来越多。

第二步　确定广告创意与诉求

创意是广告人对广告创作对象进行想象、加工、组合和创造，使产品潜在的现实美（产品的良好性能、规格、包装、服务等）升华为顾客能感受到的具象，它能抓住顾客的注意力，使之发生兴趣，最后能说服顾客采取购买行动。成功的广告创意在于它的想象力和独创性，具有鼓动的力量，能使人幻想，而又有积极的说服力和感染力，敢于独辟蹊径，不同凡响。创意是广告的生命和灵魂，有创意的广告才有灵气。美国广告大师大卫·奥格威指出，如果广告活动不是由伟大的创意构成，那么它不过是二流作品而已。广告诉求，则是要告诉顾客产品可满足什么需求，如何满足，并敦促他们为满足需求购买产品。

广告人应提炼、确定广告所要传达的中心思想，针对诉求的对象、内容、要点和方法，提出创意的概念和具体操作要求。其中诉求点是企业产品广告的"卖点"，卖点要能给消费者带来实际利益。

■ 广告中的品牌定位

活动顺序••

1. 运用一定的广告创意方法形成广告创意。

2. 选择一种广告诉求形式确定广告诉求。

3.提炼广告词。

🔍 知识链接：广告创意的主要方法

（1）集体思考法。即通过集思广益来获取创意。

（2）垂直思考法与水平思考法。前者指按照一定的思考路线，在一个固定的范围内，向上或向下进行思考；后者指在思考问题时摆脱旧知识、旧经验的约束，打破常规，提出富有创见的方案和观点。

（3）复合思考法。即将多种概念、方案综合成一个概念、方案的方法。

（4）转移经验法。即将一种知识或经验转移到其他事物上的思考方法。

🔍 知识链接：广告诉求的形式

1.理性诉求

理性诉求是指在广告中侧重于运用说理的方式，直接陈述产品的好处、特点或企业的优点、长处，让顾客自己做出判断进而获得理性上的共识，最终采取购买行动。其实施步骤如下。

（1）确定说服重点。广告以产品定位或企业形象定位以及顾客心理特征为基础，言简意赅，重点明确，极富说服力。

（2）确定是单向信息传播还是双向信息传播。若广告目标对象的文化水平较低，接受广告的经验不丰富，以单向信息诉求为宜；若广告目标对象的文化水平普遍较高，接受广告的经验非常丰富，宜采用双向信息诉求，因为较强的理性分析能力使他们感到任何产品、任何企业都是既有优点，又有缺点，促使其意识到广告较为客观，较为可信，在广告诱导下产生购买行为。

（3）利用恐惧心理。心理实验表明，在说服的过程中，如果给予对象一定的压力与威胁，将会得到较好的说服效果。在广告理性诉求中利用恐惧心理唤起诱导顾客，其关键在于恐惧度的把握。中等程度的恐惧唤起效果最佳，但要根据具体情况来确定是否采用恐惧唤起之法，不可一概而论。

2.情感诉求

情感诉求是采用富有人情味的方式，着重强调人们的情感，诱发顾客的购买动机，以满足人们自我形象要求作为诉求重点。一般来说，要求得到满足的对象所引起的主观体验具有积极的性质，表现为喜悦、愉快等，反之，引起的主观体验就具有消极作用，诸如失望、愤怒之类。具体有以下几种做法。

■ 广告诉求
定位策略

（1）赋予广告作品以亲切动人的感情色彩，即以情感人，使受众产生感情上的共鸣。

（2）赋予广告作品以美的情趣和色彩，因为对美的追求和渴望是人类的天性。

（3）利用"光环效应"，选用明星或权威来做广告代言人。

3．道德诉求

道德诉求指使接受者感到"某事是正确的且属于我分内义务"的诉求。

🔍 知识链接：广告词的类型及提炼技巧

（1）综合型：就是概括地对企业加以呈现。如××服务公司以"您的需求就是我们的追求"为广告词。

（2）暗示型：即不直接表述，用间接语暗示。如吉列刀片的广告词"赠给你爽快的早晨"。

（3）双关型：一语双关，既道出产品，又别有深意。如一家钟表店以"一表人才，一见钟情"为广告词，深得情侣喜爱。

（4）警告型：以"横断性"词语警告消费者，使其意想不到。有一种护肤霜的广告词就是"20岁以后一定需要"。

（5）比喻型：以某种情趣做比喻，使人产生亲切感。如德芙巧克力的广告词"牛奶香浓，丝般感受"。

（6）反语型：利用反语，巧妙地道出产品特色，往往给人的印象更加深刻。如牙刷的广告词"一毛不拔"，打字机的广告词"不打不相识"。

（7）经济型：强调在时间或金钱方面经济。如"飞机的速度，卡车的价格"。如果你要乘飞机，当然会选择这家航空公司。"一倍的效果，一半的价格"，这样的清洁剂当然也会大受欢迎。

（8）感情型：以轻松的词语，向消费者倾诉。有一家咖啡厅以"有空来坐坐"为广告词，虽然只是淡淡的一句话，却打动了许多人的心。

（9）韵律型：如诗歌一般的韵律，易读好记。如古井贡酒的广告词"高朋满座喜相逢，酒逢知己古井贡"。

（10）幽默型：用诙谐、幽默的句子作广告词，使人们开心地接受产品。如杀虫剂的广告词"真正的谋杀者"，脚气药水的广告词"使双脚不再'气'"，电风扇的广告词"我的名声是吹出来的"。

✏️ 练一练

填写小李公司的艺术培训广告诉求与创意表（表4-6）。

表 4-6　广告诉求与创意表

项目内容	具体内容要素描述	备注
广告的创意概念		
广告的诉求点（卖点）		
广告词		

第三步　选择广告媒体

广告信息要通过一定的媒介物才能传递给消费者，不同的媒体对同一信息的传播有不同的效果和影响，因此，我们要在充分发挥不同媒体功能的基础上，选择合适的广告媒体。

活动顺序

1. 了解广告媒体选择的影响因素。
2. 了解主要的广告媒体类型并选择广告媒体。

🔍 知识链接：广告媒体选择的影响因素

在调查、选择适用的广告媒体时，应该考虑以下因素。

1. 产品的种类与特点

不同的产品对广告媒体有不同的要求，广告媒体只有适应产品的特点才能取得较好的广告效果。例如依靠外观、颜色、光泽打动消费者购买的产品，如服装、化妆品、珠宝首饰等，最好选择网络、电视、杂志，因为网络、电视、杂志表现外观、色泽的能力强；而对于需要详细介绍的产品，通常应以报纸、杂志作为媒介，如轿车广告、机械器材广告等。

2. 目标顾客接触广告媒体的习惯

广告的目的是被顾客，特别是目标顾客接受，因此，必须根据目标市场的特点来选择媒体。例如，办公用品多采用报纸、杂志来进行广告传播；儿童用品可采用电视广告；消费信贷类产品则可以用网络广告。

3. 广告媒体的覆盖范围与影响力

广告媒体的覆盖范围直接关系到广告的传播区域、接触率及作用强度。一般来说，广告媒体的传播范围应与市场范围一致，应对目标市场具有最强的影响力。因此，必须

了解广告媒体的发行量、发行地区、顾客类别、视听率等指标。如丰田轿车选择北京、上海、广州三大城市的报纸作为主要广告媒体,主要是考虑这些城市是丰田轿车目标消费者集中的地区,是广告产品的主要市场。

4. 广告媒体的费用

不同广告媒体的收费标准不同,即使是同一种媒体也因传播范围和影响力的大小而有价格差别。另外,在考虑广告媒体的费用时,还应该注意其相对费用,常用每千人成本指标衡量。例如,使用电视做广告需支付 80 万元,预计目标市场收视者为 2000 万人,则每千人成本为 40 元;若选用报纸做广告,总费用为 40 万元,预计目标阅读者为 500 万人,则每千人成本为 80 元。两者相比,选用电视作为广告媒体比较合算。

5. 广告媒体评价指标

在选择广告媒体时,常常会涉及一些具体的指标,包括覆盖域、视听率、阅读率、接触率等。

(1) 覆盖域。覆盖域指广告媒体覆盖的地域范围,如中央电视台覆盖全国,《钱江晚报》覆盖浙江省。

(2) 视听率。广播、电视、网络媒体的效果可以用视听率来表示,计算公式为视听率=[收视(听)者/电视机(收音机)的拥有量]×100%。广告主和广告公司往往以视听率来决定是否购买该时段广告,而电视台和广播电台也常把此项指标作为制定广告价格的依据。

(3) 阅读率。阅读率=(阅读者/发行量)×100%。

(4) 接触率。接触率指广告播出后接触到广告的人数与覆盖区域内人数的比率,计算公式为接触率=(接受广告信息的人数/覆盖区域总人数)×100%。如在两种不同的报纸上刊登广告,以 10000 人为基数,阅读这两种报纸的人数分别为 1500 人、2500 人,则其接触率分别为 15%、25%。

(5) 每千人成本。每千人成本指媒体载体每接触 1000 人(户)平均所需支付的费用,计算公式为每千人成本=(广告媒体费用/广告接触人数)×1000。例如,同样是两份报纸,其广告费用分别是 40000 元、60000 元,阅读量分别是 350000 人、750000 人,则前者每千人成本为约 114 元,后者为 80 元。显然,后者比前者经济,可优先选择。

🔍 知识链接:广告媒体的类型

常见的广告媒体主要有报纸、杂志、广播、电视、网络等,被称作五大媒体。此外还有一些广告媒体,如户外建筑物和设施、邮政系统、交通工具等。

■ 广告媒体
的分类

1. 报纸

报纸是最古老也是最主要的广告媒体之一，它与杂志、广播、电视、网络等同被看作广告最佳媒体。报纸广告的优势包括以下几个。

（1）准确定位目标消费者群。报纸广告最主要的优点是可以准确定位目标消费者群。由于绝大多数报纸都是覆盖某一地区或某一类型消费者，所以报纸广告可以针对某一地区或类型的消费者开展促销。

（2）发行周期短，时效性强，传播广告信息迅速。

（3）广告版面信息容量大，可以对产品做详细的介绍，可以登载照片和插图。

（4）便于收集、保存。这对于购买高档产品的消费者来说，是相当重要的。消费者可以对收集的报纸广告信息进行认真分析、比较，从而选择出合适的产品来。而这一点是广播、电视广告无法做到的。

（5）权威性强。特别是全国性报纸、党报威信高，可以提高广告的可信度。

（6）广告制作费用低。

当然，报纸广告也有它的缺点。

（1）有效时间短，重复性差，只能维持当期的效果。

（2）注目率低。因报纸刊登内容庞杂，易分散消费者对广告的注意力。

（3）印刷效果差，吸引力弱。在表现产品外表、颜色、色泽方面效果较差，吸引力不强。

2. 杂志

杂志以刊载各种专门知识为主，是各类专业产品的良好的广告媒体。其优点以下几个。

（1）针对性强。杂志的发行均有特定的对象，如选择医学类杂志做医疗器械广告、选择美术杂志做绘画用品的广告等。

（2）留存时间长，并且易于保管。

（3）形象逼真，传播效果佳，有较强的吸引力。特别适合通过产品外观、色泽来吸引消费者的产品，如化妆品、服装、珠宝首饰等。

（4）传阅性强，可以长期在读者中传阅。

其缺点主要是发行周期长，传播信息的速度慢；灵活性较差；读者较少，传播不广泛，不适合做提高产品知名度的广告。杂志媒体适用于对专业性、技术性强的工业品和生活日用品做广告，如名牌化妆品、名牌服饰适合选择时尚类杂志做广告，而电脑软硬件产品就可以选择专业刊物如《计算机世界》做广告。

3. 广播

广播是一种通过听觉产生效果的广告媒体。其优点主要包括以下几个。

（1）传播迅速、及时。

（2）安排灵活。

（3）制作简便，费用低廉。广播广告收费标准在五大广告媒体中是最低的。

（4）针对性较强，对吸引一些特定的消费者群体效果较好，如农民、司机、军人、老人、家庭主妇等都是经常收听广播的群体。

广播广告的缺点主要是时间短促、转瞬即逝、有声无形，消费者看不到产品，印象不深，不便记忆，这就大大降低了广播广告的实际效果。在实际中，广播通常作为一种配合性广告媒体使用，很少作为主打媒体。

4. 电视

电视是一种声形兼备、视听结合的广告媒体。因其表现力强，能充分利用语言、声音、动画等各种艺术表现手法全面传播产品信息，受到广告客户的青睐。电视作为广告媒体具有以下优点。

（1）媒体受众多。电视已经成为人们文化生活的重要组成部分，收视率高，因此影响面广。

（2）集图像、色彩、声音、文字等表现手段为一体，使广告形象、生动、逼真、感染力强。

（3）信息传播速度快。电视广告通常能使一个不知名的产品在几天、十几天内家喻户晓，人人皆知。

电视广告的缺点有以下几个。

（1）时间短，广告内容转瞬即逝，不宜留存与查看。

（2）制作复杂，费用较高。一般情况下，无论是广告的播出费用还是制作费用都较为昂贵，中小企业往往无力负担。

由于电视广告的播出时间短，不能对产品性能、特点进行详细的介绍，因此在实际中，电视广告常常用来作为一种告知性广告媒体，而不像报纸、杂志，可以对产品进行详细说明。

5. 网络

近年来，随着数字技术、网络和多媒体技术的飞跃发展，网络以其高速度、大容量、互动式、全息性等特点迅速成为新的重要广告媒体，并对传统旧媒体形成了强有力的冲击。网络广告具有以下两个优点。

（1）成本低。与其他媒体广告相比，网络广告成本较低。

（2）易统计、易反馈。网络广告在统计方面具有较大的优势。目前网络服务器大都设有访问记录软件,广告主可以随时获得访问者的详细访问记录并且可以随时监测广告的投放效果;访问者可以方便地向厂商提出咨询或服务,并向厂商及时反馈信息。

6. 户外建筑物和设施

借助户外建筑物和设施所做的广告是户外广告,又称"阳光能照射到的广告",它是路牌、霓虹灯等设置在露天里的各类广告的统称。这种媒体形式的地理位置优越,醒目,以鲜明的色彩和独特的形式给人以刺激;持续时间长,而且灵活性强。但受到周边环境和自身条件限制,不易为观众提供仔细浏览的机会,因此尽管巨大醒目,但都是力求简单,有时甚至只有品牌名称。

7. 邮政系统

企业通过邮政系统给目标消费者寄广告宣传品,如产品说明书、产品试用装等,这种形式的广告一般称为直接邮寄广告,简称 DM（direct mail）广告。利用邮政系统直接邮寄广告具有以下四个优点。

（1）针对性强,可以准确地选择目标消费者。

（2）反馈信息准确,可以掌握真实的市场情况。

（3）形式灵活,不受篇幅限制,内容可以自由发挥。

（4）在同类产品竞争中不宜被竞争者察觉。

其缺点是覆盖的目标消费者数量较少,不适宜促销大众日用消费品。另外,广告成本较高。

8. 交通工具

交通工具（如公共汽车、火车、地铁、轮船、飞机等）亦可作为广告传播的载体。其优点是流动性强,接触人群多,广告有效期长且成本较低;缺点是信息量小,受众范围有限,对广告设计制作要求较高。

除此之外,企业还可以利用电影、招贴、包装、模特等多种手段做广告,而且随着社会经济、技术水平的发展,还会有更多的信息传播手段和渠道被开发出来,但无论选用何种媒体,都必须符合当时的实际条件。

💬 实例示范

经典广告举例——"百年润发"植物洗发露广告

"百年润发"植物洗发露广告的故事情节是一个阔别家乡多年的游子某天回到了

家乡,一切早已物是人非,看到一群在练戏的孩子,他触景生情,回忆起年少时期的女友。女友为当地戏曲名旦,美丽、温柔,两人相依相恋,却无奈当时的时代背景,只能天各一方。正当他暗自伤神时,却与女友重逢。短短一分钟的广告,却是一出人生的悲喜剧。

广告男主角是周润发(人称"发哥")。在中国,"发哥"的大名可以说是家喻户晓。选周润发代言"百年润发",一是因为"润发"二字,代言人名字和品牌名相似,"百年润发"可以借助"发哥"打响品牌。二是因为"发哥"演技好,周润发将相恋时的柔情似水、恋人离去后的怅惘凄凉、时势变迁的悲欢离合、与故人重逢时的如梦如幻演绎得出神入化。三是因为"发哥"形象好。此广告是"发哥"在我国内地的第一部广告,"发哥"拍广告向来很挑剔,他觉得只要自己代言做了广告就要对消费者负责任,产品必须保证质量。据说"发哥"为了拍这个广告,先拿了两箱产品试用,然后每天登山,减重十几千克,最后才拍此广告。所以周润发代言的广告能够很好地得到消费者的信任。女主角江美仪是亚视(亚洲电视数码传摄有限公司)曾经的当家花旦,她在电影、电视、广告领域均有发展,以娴熟的演技而为人称道。广告中她情真、意浓、清新、毫不逊色地配合,使得爱情故事真正地与"百年润发"品牌融合,广告效果更加完美。

"如果说人生的离合是一场戏,那么,百年的缘分更是早有安排。青丝秀发,缘系百年。"广告中周润发在多年后看到曾经的女友说出了这么一句话。紧接着广告中出现了"百年润发,重庆奥妮"字样。在把观众的感情渲染到最浓处的时候,打出奥妮"百年润发"的牌子,使得消费者对"百年润发"品牌的记忆更加深刻。

此广告的背景音乐是香港歌手周慧敏演唱的《红颜知己》里的京剧部分,只不过运用了移植的创意思维将音乐保留而把歌词改写了。引用京剧给广告增加了一种古典美,而且歌词"串串相思,藏在心里,相爱永不渝,忘不了你"很符合"百年润发"的内涵。这样优美的音乐加上经典的歌词将爱情的真挚美好发挥到了极致,使人听了之后心里泛起阵阵涟漪,极大满足了消费者对真挚爱情的需求,使其产生一种共鸣,使消费者与品牌之间有了一种心照不宣的互动。

(资料来源:丁红.现代广告案例分析[M].北京:清华大学出版社,2010)

思考:"百年润发"植物洗发露广告的亮点在哪里?它用什么打动了受众的心?

🔍 能力拓展

各小组在了解、熟悉广告创意的方法和广告词提炼技巧的基础上,整合思路,为各自的模拟公司的产品设计广告创意、提炼广告词。

任务五：**设计营业推广策略**

　　营业推广是一种适宜于短期推销的促销方法,是企业为鼓励购买、销售商品和劳务而采取的除广告、公关和人员推销之外的最常用的营销活动。

工作步骤

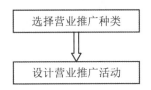

第一步　**选择营业推广种类**

　　营业推广又称销售促进,是那些不同于人员推销、广告和公共关系的销售活动,旨在激发消费者购买和提高经销商的效率,如陈列、展出与展览、表演等许多非常规的、非经常性的销售尝试。

■ 营业推广

活动顺序··

　　1.明确营业推广的目的。确定单次营业推广是为了处理库存、提升销量、打击竞争对手还是新品上市、提升品牌认知度及美誉度?

　　2.分析市场及产品。对拟推广产品的市场状况、竞争情况、需求情况、企业产品的特点和主要卖点进行分析。

　　3.确定活动对象。明确推广活动针对的目标市场、活动范围等。

　　4.选择营业推广的形式。

　　5.确定营业推广活动的时间、地点和广告配合方式。

🔍 **知识链接：营业推广的特点**

　　1.直观的表现形式

　　许多营业推广工具具有吸引顾客注意力的特点,可以改变顾客购买某一特殊产品的惯性,如告诉顾客这是永不再来的一次机会,其吸引力对于那些精打细算的人来说是很强的,但这类人对于任何一种品牌的产品都不会一直购买,他们是品牌转换者,而不是品牌忠实者。

2. 灵活多样,适应性强

可根据顾客心理和市场营销环境等因素,采取针对性较强的营业推广方法,向消费者提供特殊的购买机会。这些推广方法具有强烈的吸引力和诱惑力,能够唤起顾客的广泛关注,立即促成购买行为,在较大范围内收到立竿见影的功效。

3. 有一定的局限性和副作用

有些推广方式显现出卖者急于出售的意图,容易使顾客产生逆反心理。营业推广如果使用太多或使用不当,顾客会怀疑此产品的品质及产品的品牌,或产品的价格是否合理,给人以"推销的是水货"的错误感觉。

🔍 知识链接:营业推广的种类

1. 针对消费者的营业推广

针对消费者的营业推广(consumer promotion)可以鼓励老顾客继续使用产品,促进新顾客使用产品,动员顾客购买新产品或更新设备,引导顾客改变购买习惯,培养顾客对本企业的偏爱行为,等等。其方式有以下几种。

(1)赠送:向消费者赠送样品或让其试用样品,样品可以挨户赠送,在商店或闹市区散发,在其他商品中附送,也可以公开广告赠送。赠送样品是介绍一种新商品最有效的方法,但费用也最高。

(2)优惠券:给持有人一个证明,证明他在购买某种商品时可以免付一定金额。

(3)廉价包装:在商品包装或招贴上注明,比通常包装的产品减价若干,它可以是一种商品单装,也可以把几件商品包装在一起。

(4)奖励:顾客可以凭奖励券购买一种低价出售的商品,或者凭券免费领取某种商品,或者凭券购买某种商品时获得一定优惠,各种抽奖也属此类。

(5)现场示范:企业派人将自己的产品在销售现场进行使用示范,把一些技术性较强的产品的使用方法介绍给消费者。

(6)组织展销:企业将一些能显示企业优势和特征的产品进行集中陈列,边展边销。

商品促销活动之情侣商品法

2. 针对中间商的营业推广

针对中间商的营业推广(intertrade promotion)旨在鼓励批发商大量购买,吸引零售商扩大经营,动员有关中间商积极购存或推销某些产品。其方式有以下几种。

(1)批发回扣:企业为使批发商或零售商多购进自己的产品,在某一时期内可给予购买一定数量本企业产品的批发商以一定的回扣。

（2）推广津贴：企业为促使中间商购进企业产品并帮助企业推销产品，还可以支付给中间商以一定的推广津贴。

（3）销售竞赛：根据各个中间商销售本企业产品的实绩，企业分别给优秀者以不同的奖励，如现金奖、实物奖、度假奖等。

（4）交易会或博览会、业务会议。

（5）工商联营：企业分担一定的市场营销费用，如广告费用、摊位费用，与中间商建立稳定的购销关系。

3. 针对销售人员的营业推广

针对销售人员的营业推广（sales force promotion）旨在鼓励销售人员热情推销产品或处理某些老产品，或促使他们积极开拓新市场。其方式有以下两个。

（1）销售竞赛：如有奖销售、按比例分成。

（2）免费提供人员培训、技术指导。

✏ 练一练

填写小李公司的营业推广目标及对象表（表 4－7）。

表 4－7 营业推广目标及对象表

活动项目	具体内容要素描述	备注
营业推广的目标		
营业推广的目标人群		
营业推广的形式		
营业推广活动的时间		
营业推广活动的地点		
营业推广的广告配合方式		

第二步 设计营业推广活动

活动顺序··

1. 前期准备。

2. 中期操作。

3. 后期延续。

4. 费用预算。

🔍 知识链接：设计营业推广活动

1. 前期准备

（1）人员安排。在人员安排方面要达到"人人有事做，事事有人管"，无空白点，也无交叉点。谁负责与政府、媒体的沟通，谁负责文案写作，谁负责现场管理，谁负责礼品发放，谁负责顾客投诉，要在各个环节都考虑清楚，否则就会临阵出麻烦，顾此失彼。

（2）物资准备。在物资准备方面，要事无巨细，大到车辆，小到螺丝钉，都罗列出来，然后按单清点，确保万无一失，否则会导致现场的忙乱。

（3）试验方案。由于活动方案是在经验的基础上确定的，因此有必要进行试验来判断促销工具的选择是否正确，刺激程度是否合适，现有的途径是否理想。试验方式可以是询问消费者、让消费者填调查表或在特定的区域试行方案等。

2. 中期操作

中期操作主要是活动纪律制定和现场控制。同时，在实施方案过程中，应及时对活动范围、强度、额度和重点进行调整，保持对活动方案的控制。

3. 后期延续

后期延续主要是媒体宣传的问题，即针对这次活动将采取何种方式在哪些媒体进行后续宣传。

4. 费用预算

对活动的费用投入和产出应做出预算。一个好的营业推广活动，仅靠一个好的点子是不够的。

5. 意外防范

每次活动都有可能出现一些意外，如政府部门的干预、消费者的投诉、天气突变导致户外活动无法继续进行等。必须对各个可能出现的意外事件做必要的人力、物力、财力方面的准备。

6. 效果预估

预测这次活动会达到什么样的效果，以利于活动结束后与实际情况进行比较，从刺激程度、活动时机、推广媒介等方面总结成功之处和失败之处。

💬 练一练

1. 填写小李公司艺术培训项目的营业推广活动计划（表4-8）。

表4-8　营业推广活动计划表

时间	工作内容	负责部门	备注

2.填写小李公司艺术培训项目的营业推广费用预算表(表4-9)。

表4-9　营业推广费用预算表

开支内容	费用金额/元	备注

任务六：设计公关促销策略

　　公共关系是企业运用传播与沟通手段,使自己与公众相互理解、相互适应,为促进企业目标的实现而进行的一种有组织的管理活动。它着眼于提高企业在社会公众心目中的知名度和美誉度,树立企业形象,是公共宣传的有效工具。美国营销学专家菲利普·科特勒认为公共关系就是通过赢得有利宣传与有关公众建立良好关系,树立良好企业形象,并及时处理不利于企业的传闻或事件。

工作步骤

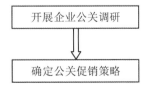

第一步　开展企业公关调研

活动顺序 ···

1. 调研,收集公关信息资料。

2. 对收集到的各种公关资料进行系统整理,予以仔细分析。

🔍 知识链接：公共关系的特点及功能

1. 公共关系的特点

(1) 公共关系是特定主体与相关客体之间的相互关系。这里的主体可以是企业、团体或其他组织等,客体包括消费者、供销商、新闻媒体、政府相关部门、内部员工、社会公众、竞争对手等。

(2) 公共关系是一种信息沟通的活动,是企业与其相关的社会公众之间的一种信息沟通活动。企业通过公共关系活动可以沟通企业上下、内外的信息,建立相互间的理解、信任与支持,协调与改善企业的社会关系环境。

(3) 公共关系是一种长期活动。它着眼于长远计划,不以短期促销为目的,其效果不是短期行为可以达到的,需要连续地、有计划地实施。

2. 公共关系的功能

公共关系的功能主要表现在收集信息、决策参考、舆论宣传、交流沟通以及社会服务等五个方面。

(1) 收集信息。通过公共关系活动企业可以收集到各种相关信息,包括企业或产品形象信息,如对企业的评价和对产品、服务质量的反映、评价等;内部员工的意见、建议;企业外部各种客观环境的信息,如国内外政治、经济、文化等方面的变化和竞争者动态、消费者需求及购买行为的变化等。

(2) 决策参考。公共关系的这一职能是指利用所收集的各种信息,进行综合分析,考察企业的决策和行为在公众中产生的影响,预测企业决策和行为与公众可能意向之间的吻合程度,并及时、准确地向企业提供决策参考。

(3) 舆论宣传。公共关系作为企业的"喉舌",将企业的信息及时、有效、准确地传递给社会公众,为企业树立良好形象,创造良好的舆论氛围。公共关系活动能提高企业知名度、美誉度,并能引导公众舆论朝着有利于企业的方向发展。同时,还能及时地纠正和改善对企业不利的公众舆论,避免不良影响进一步扩大,从而起到维护企业声誉的作用。

(4) 交流沟通。企业是一个开放的系统,系统内外各要素都需要相互联系、沟通。

交流沟通是公共关系的基础,任何公共关系活动的实施都依赖于公共关系主客体之间的交流沟通。

(5)社会服务。公共关系同样具有社会服务的功能,企业可以通过引导性教育宣传、赞助服务来诱导公众对企业产生好感。

知识链接：公关调查的形式

1.组织形象调查

组织形象就是一个组织的实际表现在公众舆论中的投影,也即社会公众和社会舆论对一个组织总的印象、看法和评价,它可以用知名度和美誉度两项指标来衡量。

2.公众调查

公众调查旨在确定企业面临的公众对企业的意见、态度,消费者或用户对产品、服务的评价,特定公众对象的基本情况,等等。公众调查一般需要掌握五种资料:公众的类型和背景材料、认知资料、需求资料、态度资料和行为资料。

3.社会环境调查

社会环境调查从政策环境、社会问题及经济环境等方面展开。其中,经济环境中社会经济形势、市场状况、销售趋势、本企业在同行业中的地位、竞争对手的情况等是调查重点。

4.问题调查

问题调查要求公关人员从浩瀚如海的信息中发现、确认影响企业管理活动顺利进行的公共关系问题及企业当前面临的公共关系问题。公关信息收集的方法有:文献研究法、民意测验法、座谈会法、访谈法、拦截访问等。

第二步　确定公关促销策略

活动顺序

1.明确公关促销目标。
2.确定公共关系的目标人群。
3.选择公关宣传的工具。
4.确定公关活动方式。

知识链接：公共关系的目标人群

公共关系的目标人群主要有:消费者、供销商、新闻媒体、政府部门、社区、竞争者、企业内部员工等。

1. 消费者

消费者满意是企业一切活动的中心,企业首先要使目标消费者或潜在消费者对本企业产生良好的印象,以良好的企业形象和信誉吸引消费者。企业应从三个方面做好工作。

(1) 为消费者提供优质产品和服务,这是建立良好公共关系的首要条件和根本保证。

(2) 与消费者定期进行有效的沟通,收集消费者信息。目前比较流行的做法是开展"消费者教育"活动,即通过包装、发放免费杂志、开讲座、组建消费者俱乐部、举办培训班等方式,对目标或潜在消费者进行引导和教育。

(3) 正确处理与消费者的纠纷,避免与消费者争吵。如果消费者的投诉合理,企业在确认后应及时处理,使消费者感觉受到尊重。即使出现一些不能解决的问题,也应耐心向消费者解释,争取消费者的谅解,化解矛盾。

2. 供销商

为了保障企业正常的生产和销售,企业要与供应商以及销售商建立良好的关系。要时刻关注供应商和销售商,通过一系列公共关系活动与其保持信息互换和友好关系,使企业在生产、销售环节保持优势地位。

3. 新闻媒体

新闻媒体是企业最特殊的公众,企业的公共关系活动通常要借助一定的宣传媒体向外界发布,以扩大活动影响力。因此,企业要与各新闻媒体保持密切的关系。另外,对于媒体的负面报道,企业要冷静、谨慎,首先要认真核实新闻报道内容,迅速查清事实真相。如果是企业自身的问题,要尽快改正,并将改进后的情况及时通报新闻媒体,争取消除不良影响。如果新闻报道有失偏颇,与事实不符,企业要立即通过新闻媒体说明真相,或举办新闻发布会澄清事实,并可要求发布不实报道的新闻媒体做出公开更正以免影响企业形象。

4. 政府部门

企业的生存和发展离不开政府的支持和帮助,企业必须经常与政府部门沟通,及时了解相关的政策、规定,并使之能尽量有利于本企业的发展。

5. 社区

社区是指企业所在地的区域范围。企业要与所在地的其他企业、学校、医院、团体、居民等发生各种各样的联系,积极支持社区公益活动和经济建设以获取社区的理解,这可以为企业发展提供多方面的便利条件。

6.竞争者

处理好与竞争者的关系也是企业公共关系工作的重要环节。那种"同行是冤家"的狭隘思想已经无法在现代市场经济环境中通行。双方的殊死拼争,其结果往往是两败俱伤,不如携手共进,实现双赢。

7.企业内部员工

在企业内部,做好员工的思想工作、增强员工的凝聚力和团队精神,对企业来说,同样是至关重要的。企业可以通过一系列手段做好企业内部的公共关系。

(1)内部渠道的信息沟通,如建立内部网络、微信公众号、广电交流平台,发行内部刊物等,宣传企业优秀文化,培养员工的自豪感、归属感。

(2)定期举办各类集体活动,如旅游、参观、聚餐、文体活动等,融洽员工之间的关系。

知识链接:公关宣传的工具

1.制造新闻

制造新闻很难有一套固定不变的原则和方法,只能凭借策划者的广博知识、丰富想象和实际经验。但通过对大量公关案例的分析,仍能找出一些带有普遍性的技巧。

2.借助公关广告

通过公关广告介绍、宣传企业,树立企业形象。公关广告的形式和内容可以概括为三种类型。

(1)致意性广告。即向公众表示节日致庆、感谢或道歉等。

(2)倡导性广告。即企业率先发起某种社会活动或提倡某种新观念。

(3)解释性广告。即就某方面情况向公众介绍、宣传或解释。

3.演讲

演讲是提高企业知名度的另一种方式,但这种做法有可能树立也可能损害企业形象。因此,挑选公司发言人时一定要慎重,也要充分准备演讲稿,以确保效果。

4.创造事件

策划者可有意创造一些事件来吸引公众的注意,这些事件包括记者招待会、讨论会、展览会、竞赛和庆典活动。

5.举办公益服务活动

企业投入一定时间和金钱来从事一些公益服务活动,以树立企业在公众中的良好形象。

6. 举办专题活动

通过举办各种专题活动,扩大企业的影响。这方面的活动包括:举办各种庆祝活动,如店庆、开业典礼等;开展各种竞赛活动,如知识竞赛、劳动竞赛、有奖评优等。

7. 发放书面资料

广泛借助书面资料联系和影响目标市场,书面资料包括年度报告、小册子、文章、店铺业务通讯和刊物等。

8. 编辑视听材料

电影、幻灯片、视频等正越来越多地被用作公关促销工具。虽然其成本高于书面资料,但效果远好于后者,能及时高效地展示品牌以引起公众强烈关注。

9. 利用自身媒体

应努力创造一个使公众能迅速辨认出本企业的视觉识别标志。视觉识别标志的传播可通过广告、文件、小册子、招牌、企业模型、业务名片、建筑物、工作人员制服和车辆等企业媒体来完成。

10. 提供电话服务

高质量的电话服务常能使潜在顾客成为现实顾客,也能使其成为企业信息的传播者。

知识链接:公关活动方式

常见的公关活动方式有以下几种。

1. 记者招待会

记者招待会也称新闻发布,是企业与新闻界建立和保持联系的一种较正规的形式。以这种方式发布信息,比较正规、隆重,规格较高,易于引起社会广泛的关注。这种形式下的双向沟通,无论在广度上和深度上都较其他形式更为优越。此形式占用较多的时间,经费支出较多,因此其成本较高。记者招待会对于发言人和会议主持人要求很高。

2. 展览会

展览会是通过实物的展示和示范表演来展示企业的成果和风貌的公共关系宣传活动。由于它图文并茂、直观形象,往往会给公众留下深刻印象,因此展览活动也是企业塑造良好公共形象的重要手段之一。

3. 对外开放参观

对外开放参观是企业为了让公众更好地了解自己,面向社会各界开放,及时组织和安排广大公众到企业内部来参观、考察,以提高组织的透明度,是争取公众了解和支持的一个重要手段。

4.组织开幕典礼

开幕(开业、开工)典礼是企业向社会公众的第一次"形象亮相",体现了企业领导人的组织能力、社交水平以及企业的文化素养和内涵,往往成为公众亲疏取舍的重要标准,并成为企业发展的里程碑。因此,开幕典礼必须进行精心策划和组织。

5.社会赞助活动

赞助是企业以捐赠方式,向某一社会事业或社会活动提供资金或物质的一种公关专题活动。赞助活动是一种对社会的贡献行为,是一种信誉投资和感情投资,是企业改善社会环境和社会关系最有效的方式之一。概括起来,赞助的目的有四种:追求新闻效应,扩大社会影响;增强广告效果,提高经济效益;联络公众感情,改善社会关系;提高社会效益,树立良好形象。

公关策划
的程序

6.演讲

演讲可以提高企业知名度。企业负责人经常利用电视、网络等宣传工具回答公众的问题,或在行业协会和销售会议中进行成功演说,可以向公众介绍企业的有关信息,对树立企业形象有很大的帮助。

7.危机公关

危机公关又称危机管理,是指企业在自身运作中对发生的具有重大破坏性影响、造成组织形象受到损伤的意外事件进行全面处理,并使其转危为安的一整套工作过程。危机公关是公共关系最重要的工作之一,也是公共关系的最大价值所在。

✎ 练一练

填写小李公司的公关促销策略表(表4-10)。

表4-10 公关促销策略表

训练项目	具体内容要素描述	备注
公关促销的目标		
公共关系的目标人群		
公关宣传的工具		
公关活动方式		

自测题

一、判断题

1. 产品是市场营销组合中最重要的因素,其他因素如价格、分销、促销等必须以产品为基础。(　　)

2. 品牌、商标厂牌是同一个事物的不同表述,其含义完全一样。(　　)

3. 促销功能是品牌最基本、最原始的功能。(　　)

4. 美国杜邦公司在推出新产品时,往往尽可能把价格定高,以后随着销量和产量的扩大,再逐步降价。其采用的是渗透定价策略。(　　)

5. 宽渠道是指制造商同时选择两个以上的同类中间商来销售商品。(　　)

6. 企业在促销活动中,如果采取"推"的策略,则广告的作用最大;如果采取"拉"的策略,则人员推销的作用更大些。(　　)

二、单选题

1. 企业所拥有的不同产品线的数目是产品组合的(　　)。

A. 深度　　　　　　　　　　B. 长度

C. 宽度　　　　　　　　　　D. 关联度

2. 用料与设计精美的酒瓶,在酒消费之后可用作花瓶或凉水瓶,这种包装策略是(　　)。

A. 配套包装　　　　　　　　B. 附赠品包装

C. 分档包装　　　　　　　　D. 再使用包装

3. 在赊销的情况下,卖方为了鼓励买方提前付款,按原价给予一定的折扣,这就是(　　)。

A. 业务折扣　　　　　　　　B. 现金折扣

C. 季节折扣　　　　　　　　D. 数量折扣

4. 下列情况的(　　)类产品宜采用最短的分销渠道。

A. 单价低、体积小的日常用品　　B. 处在成熟期的产品

C. 技术性强、价格昂贵的产品　　D. 生产集中、消费分散的产品

5. 具有信息量大、互相沟通、成本较低的特点,正被越来越多的企业所利用的广告媒体是(　　)。

A. 广播　　　　　　　　　　B. 报纸

C. 电视　　　　　　　　　　D. 互联网

三、多选题

1. 产品整体概念包括(　　)。

A. 核心产品　　　　　　B. 形式产品　　　　　　C. 附加产品

D. 期望产品　　　　　　E. 潜在产品

2. 下列哪些产品适合采用无商标策略?(　　)

A. 电力　　　　　　　　B. 煤气　　　　　　　　C. 服装

D. 自来水　　　　　　　E. 沙石

3. 以下哪种定价方式属于差别定价?(　　)

A. 公园对某些社会成员给以门票优惠

B. 在节假日或换季时举行的"大甩卖""酬宾大减价"等活动

C. 对不同花色、不同款式的商品所定的价格不同

D. 对大量购买的顾客给予优惠

E. 剧院里不同位置的座位票价不同

4. 下列哪种情况适宜采取普遍性销售策略?(　　)

A. 产品潜在的消费者或用户面广

B. 企业生产量大、营销能力强

C. 产品技术性强

D. 产品体积大

E. 产品易腐易损,需求时效性强

5. 以下属于营业推广促销方式的是(　　)。

A. 参加订货会与展销会　　B. 发放优惠券　　　　　C. 赠品促销

D. 为残疾人举行义演　　　E. 上门推销

四、简答题

1. 开发新产品的程序包括哪几个阶段?

2. 品牌有哪些作用? 品牌策略有哪些?

3. 企业定价的营销目标主要有哪些?

4. 简述直接分销渠道和间接分销渠道各有哪些特点。

5. 什么是促销组合? 企业促销组合的四种方式是什么?

项目五

商务实战

教学目标

能力目标	知识目标
(1) 能撰写访客计划书 (2) 能访问客户、与客户沟通并填写客户拜访记录 (3) 能起草销售合同 (4) 能制订客户回访计划,处理客户投诉	(1) 掌握客户寻找与拜访的方法 (2) 掌握访客计划书与客户拜访记录的撰写方法 (3) 掌握合同的标准格式 (4) 掌握客户投诉处理的方法

　　商品的销售对于任何一个企业来说都是至关重要的,如果没有销售,仓库中的商品将堆积如山,厂商的境遇可想而知。现代社会缺的不是产品,而是市场。作为营销的一个重要环节,推销对于企业乃至整个社会的作用都是极其重要的,推销是企业走向成功的关键步骤。要想推销成功,推销人员不仅要在推销过程中遵循专业的推销流程,还需要在推销过程中运用恰到好处的推销技巧。

工作任务

　　小李在对浙江艺术培训市场进行商计策划的基础上,准备开展商务实战。小李的目标是在寻找客户的过程中发现商机,通过拜访客户了解客户的需求,及时发现存在的问题,从客户的问题和需求中找出业务的切入点,从而达成交易。同时,通过积极的客户关系维护,让客户对自己公司销售的乐器和提供的艺术培训项目保持足够的信心和好感,彼此建立长久的关系,为公司的长期发展做贡献。

任务分解

　　小李要对浙江艺术培训市场进行全面的商务实战,应该完成以下各项任务。

　　任务一:寻找与拜访客户

　　任务二:达成交易

　　任务三:维护客户关系

任务一：**寻找与拜访客户**

寻找客户是任何成功销售的基础。要在茫茫人海中确定你要走访的客户确实是一件很困难的事情。但是，这件事情非做不可。否则，就成了没头苍蝇，结果自不必说。对于大多数商品来说，二八定律都是成立的。也就是说商品或服务80%的销售额来自于这种商品或服务所拥有的20%的客户。如果能顺利地找到那20%的客户，就可以事半功倍了。推销人员在推销前，必须锁定推销客户，然后为接近推销客户做好充分准备。否则，即使拥有超人的素质、突出的外表、理想的表现和丰富的知识，也只是徒劳。

工作步骤

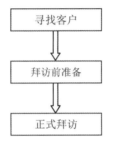

第一步　寻找客户

案例

有这样一个例子，一名浙江的推销员与四川某电机公司的购货代理商接洽了半年多时间，但一直未能达成交易。这位销售员感到很纳闷，不知问题出在哪里。反复思忖之后，他怀疑自己是与一个没有决定权的人打交道。为了证实自己的猜疑，他给这家电机公司的电话总机打了一个电话，询问公司哪位先生是主管电机订货事宜的，最后了解到进货的决定权在公司的总工程师手里，而不是那个同自己交往多次的购货代理商。

思考与讨论

浙江的这名推销员的做法是正确还是错误的？请说明你的理由。

活动顺序

1. 设计如何寻找客户。

2. 分析背景企业目标客户应具备的条件。

3. 制作访客计划表（可参考表5-1、表5-2）。

表 5-1　客户访问计划表

访问客户	地址电话	业种	访问动机	面谈时间	经过	对应商品	销售预估额	区分	备注
			□主动访问 □公司命令 □探听得来 □介绍					□新客户 □续访问 □用户 □售后服务 □其他	
			□主动访问 □公司命令 □探听得来 □介绍					□新客户 □续访问 □用户 □售后服务 □其他	
			□主动访问 □公司命令 □探听得来 □介绍					□新客户 □续访问 □用户 □售后服务 □其他	
			□主动访问 □公司命令 □探听得来 □介绍					□新客户 □续访问 □用户 □售后服务 □其他	

本日成果

上司评价

部门主管：　　　　　　　单位主管：　　　　　　报告人：

表 5-2　客户拜访计划汇总表

(公司名称)客户拜访计划

填表日期：

序号	客户编号	客户名称	公司名称	联系电话	公司地址	拜访客户状况	拜访时间	拜访方式	预期目的
1									
2									
3									
4									
5									
6									

续　表

7									
8									
9									
10									
11									
12									
13									
14									
15									
16									

客户代表：　　　　　　销售部经理：　　　　　　总经理：

💬 案例

　　某企业的一位推销员小张干推销工作多年,经验丰富,客户较多,加之他积极肯干,在过去的几年中,业绩在公司内始终名列前茅。谁知自一位新推销员小刘参加推销员培训回来后,不到半年,其推销量直线上升,当年就超过小张。对此小张百思不得其解,问小刘:"你出门比较少,客户没我多,为什么推销量比我大呢?"小刘指着手中的资料说:"我主要是在拜访前,分析这些资料,有针对性地拜访,比如,我对124户老顾客分析后,感到有购买可能的只有94户,根据以往经验,94户中的21户订货量不大,所以,我只拜访73户,结果订货率较高。其实,我的124户老顾客中只有57户订货。虽然订货率不足50％,但是我节约出了大量时间去拜访新顾客。当然,这些新顾客也是经过挑选的,尽管订货概率不高,但与他们建立了关系,还是值得的。"

❓ 思考与讨论

　　小刘的这种做法是正确还是错误的? 请结合营销的理论知识,谈谈小刘的这种做法应用了营销中的哪种原理。

🔍 知识链接：寻找客户的程序和方法

　　1. 寻找客户的程序

　　(1)先从大处着眼,圈定推销客户的范围。推销人员寻找推销客户,是实质性推销活动的第一步。对于个人消费品来说,推销人员应根据对产品各层次的把握来分析这

种产品主要满足于哪个层次的需求,其客户群分布在社会的哪个层面上,进而根据这些客户的特点初步拟定推销的场所和时间。如某种化妆品,按其档次及特点判断出其适用于职业女性,故而应在晚间上门推销;如果是工业品,则要确定产品是满足哪一类型工厂的需要,等等。

(2)对客户进行分类,挑选出最有希望的客户,使出访尽可能命中20%的客户。一般说来,客户可分为有明显购买意图的、有一定购买可能的、对是否会购买尚有疑问的三类。挑选出重点推销客户,会使你的销售活动效果明显增强。总的说来,重点应放在前两类上,有选择地拜访那些有较大可能成为买主的客户,必将会使推销的工作效率极大提升。是否重视寻找推销客户,是否能够科学地寻找推销客户,对推销工作的成败起着至关重要的作用。

2. 寻找客户的方法

(1)普遍寻找法。这种方法也称逐户寻找法或者地毯式寻找法。其方法的要点是,在推销员特定的市场区域范围内,针对特定的群体,用上门、电话、电子邮件、短信等方式对该范围内的组织、家庭或者个人无遗漏地进行寻找与确认。比如,将某市某个居民新村的所有家庭作为普遍寻找对象,将某地区所有的宾馆、饭店作为地毯式寻找对象,等等。

普遍寻找法有以下优势:①地毯式铺开,不会遗漏任何有价值的客户;②寻找过程中接触面广、获取的信息量大,各种意见和需求、客户反应都可能收集到,是分析市场的一种方法;③可以让更多的人了解企业。

当然,其缺点也是很明显的:①成本高、费时费力;②容易引发客户的抵触情绪。

(2)广告寻找法。这种方法的基本步骤是:①向目标顾客群发送广告;②吸引顾客上门以展开业务活动或者接受客户反馈以展开活动。例如,通过媒体向客户发送某个减肥器具的广告,介绍其功能、购买方式、地点、代理和经销办法等,然后在目标区域展开活动。

广告寻找法的优点是:①传播信息速度快、覆盖面广、重复性高;②相对普遍寻找法更加省时省力。

其缺点是需要支付广告费用,针对性和及时反馈性不强。

(3)介绍寻找法。即推销员通过他人的直接介绍或者提供的信息寻找顾客,可以通过推销员的熟人、朋友等社会关系,也可以通过企业的合作伙伴、客户等,由他们进行介绍,主要方式有电话介绍、口头介绍、信函介绍、名片介绍、口碑效应等。

利用这种方法的关键是推销员必须注意培养和积累各种关系,为现有客户提供满意的服务和可能的帮助,并且要虚心地请求他人的帮助。口碑好、业务印象好、乐于助人、与客户关系好、被人信任的推销员一般都能取得有效的突破。

介绍寻找法由于有他人的介绍或者成功案例和依据,成功的可能性非常大,同时也可以降低销售费用,减小成交障碍,因此推销员要重视和珍惜。

(4)资料查阅寻找法。这种方法是推销员通过资料查阅寻找客户,这样做既能保证一定的可靠性,也能减少工作量、提高工作效率,同时也可以最大限度减少业务工作的盲目性和客户的抵触情绪,更重要的是,可以展开先期的客户研究,了解客户的特点、状况,提出适当的针对性策略等。

推销员经常利用的资料有:有关政府部门提供的资料、有关行业和协会的资料、国家和地区的统计资料、企业黄页、工商企业目录和产品目录、电视、报纸、杂志、互联网、客户发布的消息、产品介绍、企业内刊等。

(5)委托助手寻找法。这种方法在国外用得比较多,一般是推销员在自己的业务地区或者客户群中,通过有偿的方式委托特定的人为自己收集信息,了解有关客户和市场、地区的情报资料等。

(6)客户资料整理法。这种方法本质上属于资料查阅寻找法,但是,也有其特殊性。客户资料管理十分重要,现有的客户、与企业联系过的单位、企业举办的活动(如公关活动、市场调查)的参与者等,他们的信息资料都应该得到良好的处理和保存,这些资料积累到一定的程度,就是一笔财富。

(7)交易会寻找法。国际国内每年都有不少交易会,如广州交易会、中国国际高新技术成果交易会、中小企业博览会等,这些都是绝好的商机,企业要充分利用。交易会不仅可以实现交易,更重要的是企业可以在此寻找客户并与客户联络感情、沟通了解。

(8)咨询寻找法。一些组织,特别是行业组织、技术服务组织、咨询单位等往往集中了大量的客户资料和资源以及相关行业和市场信息,通过向其咨询寻找客户不仅是一种有效的途径,有时还能够获得这些组织的服务、帮助和支持,比如在客户联系、介绍、市场进入方案建议等方面。

(9)企业各类活动寻找法。企业在公共关系活动、市场调研活动、促销活动、技术支持和售后服务等过程中,一般都会直接接触客户,这些活动对客户的观察、了解、深入地沟通都非常有力,也是寻找客户的好时机。

🔍 知识链接:目标客户应具备的条件

目标客户至少应具备以下三个条件。

(1)要有钱,即 money,这一点最重要。推销人员找到目标客户后就要想:他买得起我的东西吗? 一个月收入只有 5000 元的普通白领,如果向他推销奔驰汽车,尽管他可能很想买,但他能买得起吗?

■ 界定目标
客户

（2）要有权力，即 authority。有些人或者部门想要你的产品而且也有钱，但他们没有决策权。很多推销人员最后不能成交的原因就是找错了人，找了一个没有决策权的人，从而导致推销任务的失败。

（3）要有需求，即 need。推销的客户，除了要有购买能力和决策权之外，还要看他有没有需求。比如这个司机昨天刚买了一台汽车空气净化器，今天你再向他推销汽车空气净化器，尽管他有钱（M）和决策权（A），但他没有需求（N），自然就不是你的客户。

这三个条件的英文缩写合起来就是 MAN（人）。

第二步 拜访前准备

••• 案例

"推销前要先推销自己。"这是美国汽车推销大王乔·吉拉德的一句名言。

乔·吉拉德应征汽车推销员时，经理问他的第一句话是："你曾推销过汽车吗？"

"没有。"乔·吉拉德如实回答，"但我推销过其他东西，比如报纸、鞋油、房屋、食品等，实际上，我觉得人们真正买的是我，我推销自己，哈雷先生。"

"你从来没推销过汽车，所以没有这方面的经验，我们需要的是一个有经验的推销员。况且，现在是汽车销售的淡季，假如我雇用你，你卖不出汽车，却要领一份薪水，公司可能不会同意。"

"哈雷先生，假如您不雇用我，您将犯下一生中最大的错误。我不需要暖气房间，我只要一张桌子和一部电话，两个月内我将成为公司的最佳推销员。如果我做不到，两个月后您可以解雇我。"

凭着坚定的信念和韧劲，乔·吉拉德终于取得了经理哈雷的同意，开始了他的汽车推销生涯。经过两个月的努力，乔·吉拉德以实际行动向经理哈雷证明了自己的实力。

？ 思考与讨论

请结合案例的内容谈谈乔·吉拉德成功的秘诀是什么。

活动顺序···

1. 确定访问对象，即确定与对方哪个人或哪几个人接触。

2. 告知对方访问事由。

3. 约定访问时间与地点。

4. 充分熟悉推销的产品。

5. 提前了解客户的相关信息。

6. 准备好拜访资料。

🔍 知识链接：访问客户事由

任何推销访问的最终目的都是销售产品,但为了使客户易于接受,推销人员应仔细考虑每次访问的理由。根据销售实践,下列几种访问理由可供参考。

(1) 认识新朋友;

(2) 市场调查;

(3) 正式推销;

(4) 提供服务;

(5) 联络感情;

(6) 签订合同;

(7) 收取货款;

(8) 慕名求见、当面请教、礼仪拜访、代传口信等。

🔍 知识链接：访问客户的时间与地点

1. 确定访问时间

要想推销成功就要在一个合适的时间向合适的人推销合适的产品。选择访问客户的时间时应注意以下几点。

(1) 尽量为客户着想,最好由客户来确定时间。

(2) 应根据客户的特点确定见面时间。注意客户的生活作息与上下班规律,避免在客户最繁忙的时间约见客户。

(3) 应根据推销产品与服务的特点确定约见与洽谈的时间,以能展示产品及服务优势的时间为最好。

(4) 应根据不同的访问事由选择日期与时间。

(5) 约定时间应考虑交通、地点、路线、天气、安全等因素。

(6) 应讲究信用,守时。

(7) 合理利用访问时间,提高推销访问效率。如在时间安排上,在同一区域内的客户安排在一天访问,并合理利用访问间隙做与推销有关的工作。

2. 确定访问地点

确定访问客户的地点时应注意以下几点。

（1）应照顾客户的要求。

（2）最经常使用、也是最主要的约见地点是办公室。

（3）客户的居住地也是推销人员选择约见的地点之一。

（4）可以选择一些公共场所，公共休闲场所也是推销人员选择约见的地点之一。

知识链接：熟悉推销的产品

了解产品是推销成功的基础，推销人员一定要了解所推销的产品，只有了解自己的产品，才能详细地向顾客说明产品功能有哪些，圆满地回质量怎么样，能带给顾客什么利益，产品能满足顾客哪些需求，在满足顾客需求上能达到什么程度，答顾客提出的疑问，从而消除顾客的疑虑；才能指导顾客如何更好地使用、保管产品，以便顾客购买，达成交易。

建立销售
信任

1. 熟悉本公司产品的基本特征

推销人员在上岗之初就应该对产品的以下特征充分了解。

（1）产品的基本构成：产品名称；物理特性，包括材料、质地、规格、型号、美感、颜色和包装；产品功能；技术含量，产品所采用的技术的特征；产品价格和付款方式；运输方式；等等。

（2）产品为消费者带来的价值：产品的品牌价值、性价比、产品的服务特征、产品的特殊优势等。

2. 全面掌握公司的情况

对于顾客来说，推销人员代表的是公司，如果推销人员对有关自己公司的问题不能迅速做出明确的回答，那就很容易给顾客留下"这个公司的影响力不够大"或者"公司名声可能不太好"等印象。为此，推销人员应该对公司的具体情况加以必要的了解，比如应该了解公司的长远发展目标或未来发展方向、公司最近的某些重大举措及其意义、公司的历史沿革以及过去取得的重大成绩、公司主要管理人员的姓名、公司承担的社会责任等。

3. 熟知竞争对手的相关信息

面对越来越多品种的同类产品，消费者无法一一对不同厂家的产品进行了解，于是，很多时候，他们就会向某一公司的销售人员打听另外一家公司的情况。此时，如果销售人员对市场上经常出现的竞争对手不加以留心的话，就无法向消费者提供满意的答复。

4. 不断了解产品的相关动态

推销人员对产品相关知识的掌握其实是一个动态的过程，推销人员必须不断地取得和商品相关的各种信息,并且学会从累积的各种信息中筛选出商品对客户的最大效用,从而最大限度地满足客户的需求。只有不断掌握更多的产品动态信息,产品蕴含的价值才能通过你的推销技巧充分体现出来。

❓ 思考与讨论

1. 请谈谈小李公司的推销人员在推销乐器时应以哪些人群作为访问的对象,并根据这些访问对象初步拟定访问时间和地点。

2. 综合分析小李公司产品的基本特征,与市场上其他一些艺术培训机构的产品相比,其有哪些竞争优势。

🔍 知识链接:了解客户的相关信息

拜访客户前需要熟悉客户的购买动机、客户的日常信息以及客户的性格等,甚至还要了解人性,这样才能达到事半功倍的效果。

1. 客户的购买动机

消费心理学家发现,客户的购买动机有:想得到快乐,想拥有漂亮的东西,想满足自尊心、模仿心和竞争心,有表现欲和占有欲,集体心理,好奇心和冲动,等等。推销员应针对不同购买动机的客户,有的放矢地开展推销活动。

2. 客户的日常信息

日常信息包括客户的姓名、性别、职位、大致年龄、话语权、专业知识熟练程度、地址或行车路线、座机或手机、兴趣爱好等,拜访者必须提前了解。如果前期沟通到位,那么拜访者还可以获悉客户的民族、籍贯、学历、经历等信息。这些信息有助于拜访者在正式拜访客户时,恰到好处地与客户进行沟通、交流,促成商业合作。

新人最常见的失误就是"满腔热血、头脑发昏"地拜访客户,对客户的相关信息"一窍不通",认为自己有激情和感觉,就能赢得客户的信任和尊重,达成合作。事实上,这是一种永远的"幻想"。

3. 客户的性格

心理学家从性格上对客户进行了划分,推销员熟悉了解每一类客户的性格与心理特征,可以在推销过程中对症下药,因人施计。客户的性格有以下几种。

(1)暴躁型。一般来说,暴躁型的人说话速度快,动作也较敏捷。所以,推销员如果碰上了脾气暴躁的人,一定要尽力配合他,也就是说话速度要快一点,处理事情的动作应利落一点。同时,介绍商品时只要说明重点即可,细节可以省略。因为这种人下决定很快,推销员只要应和他,生意就会很快做成。

（2）慎重型。这一类型的人希望知道各种细枝末节，所以，推销员对他所提出的各项问题必须给予满意的答复，不可以心慌，也不可以存有心机，如此便可以把握住这类客户。

（3）迷糊型。这类客户不容易做决断，他们对于任何事情都犹豫不决，甚至讲话也口齿不清，他们喜欢问问题，动作不利落，有时神情会有些恍惚。对于这类人，推销员不要讲太多的商品知识，因为这会使他头脑愈趋混乱，更难以做出决定，最好的方法是找一个机会，从旁提醒他，以帮助他做最后的决定。

（4）决断型。这种人喜欢自己决定事情，而不愿意别人提任何意见，所以，对这种人，应该以他为主，并且要做得恰到好处，绝不要多管闲事地提许多意见，这会导致反效果，使双方都不愉快。

（5）饶舌型。这种类型的客户很容易对付，但要他做最后的决定则是一件很困难的事，因为他很喜欢说话，一谈起来就天南海北聊个没完，这时，推销员不可让他一直讲下去，必须有技巧地将话题引回推销事务上，但是一定要保持亲切、诚恳的态度，否则他便会认为你不尊重他。

（6）内向型。这类客户生活比较封闭，对外界事物表现冷淡，和陌生人保持相当距离，对自己的小天地中的变化异常敏感，对产品挑剔，对推销员的态度、言行、举止异常敏感，他们大多讨厌推销员过分热情。对于这一类客户，要注意投其所好，对于不爱说话的人，不应该强迫他说话，应该顺着他的性格，轻声说话，并且提一些容易回答的问题以刺激他的谈话欲，这样则容易谈得投机，否则会难以接近。

（7）随和型。这一类客户总体来看性格开朗，容易相处，内心防线较弱，对陌生人的戒备心理不如第一类客户强。这一类客户表面上是不喜欢当面拒绝别人的，所以要耐心地和他们周旋，而这也并不会引起他们太多的反感。对于性格随和的客户，推销员的幽默、风趣自会起到意想不到的作用。

（8）刚强型。这一类客户性格坚毅，个性严肃、正直，尤其对待工作认真、严肃，决策谨慎，思维缜密。赢得这一类客户是推销员的难点所在，但你一旦征服了他们，他们会对你的销售额大有益处。这一类客户初次见面时往往难以接近，所以在出访前最好经第三者介绍，这样会有利得多。

（9）神经质型。这一类客户对外界事物异常敏感，且耿耿于怀；他们对自己所做的决策容易反悔；情绪不稳定，易激动。对待这类客户，一定要有耐心，不能急躁，同时言语要谨慎，一定要避免推销员之间或推销员与其他客户进行私下议论，这样极易引起神经质型客户的反感。如果你能在推销过程中把握住对方的情绪变动，顺其自然，并且能在合适的时间提出自己的观点，那么成功就会属于你。

（10）虚荣型。这一类客户在与人交往时喜欢表现自己，突出自己，不喜欢听别人劝说,任性且嫉妒心较重。对待这类客户,要聊一些他熟悉并且感兴趣的话题,为他提供发表高见的机会,不要轻易反驳或打断其谈话。如在推销过程中能使第三者开口附和你的客户,那么他会在心情愉快的情况下做出令你满意的决策。记住不要轻易托出你的底盘。

(11) 好斗型。这一类客户好胜、顽固,同时对事物的判别比较专横,又喜欢将自己的想法强加于别人,征服欲强。对待这类客户,一定要做好心理准备,准备好被他步步紧逼,必要时丢点面子也许会使事情好办得多。但是你要记住"争论的胜利者往往是谈判的失败者",万不可意气用事,贪图一时痛快。

(12) 顽固型。这类客户多为老年客户,是在消费上具有特别偏好的客户。他们对新产品往往不乐意接受,不愿意轻易改变原有的消费模式与结构。对推销员的态度多半不友好。推销员不要试图在短时间内改变这类客户,否则容易引起对方强烈的抵触情绪和逆反心理,还是让你手中的资料、数据来说服对方比较有把握一些。

(13) 怀疑型。这类客户对产品和推销员的人格都会提出质疑。面对怀疑型的客户,推销员的自信心显得尤为重要,一定不能受客户的影响,一定要对产品充满信心。但切记不要轻易在价格上让步,因为你的让步也许会使对方对你的产品产生疑惑,从而使交易破裂。建立起客户对你的信任至关重要,端庄严肃的外表与谨慎的态度会有助于成功。

4. 人性

推销员都希望与客户保持良好的关系,进而圆满地达成交易。要搞好与客户的关系,并不仅仅是去设法满足客户的要求,而是尽量理解他的本来目的,再根据客户的目的,呈现自己的态度。既要充分了解客户的心理,又要利用心理因素来吸引客户。

有的推销员为了与客户搞好关系,一味地向客户卑躬屈膝,以求工作顺利进行,其实这是毫无效果的,因为大多数客户都瞧不起这类人。但是,如果忽视客户的意见,而采取强迫式的压迫态度,暂时可能会有一些效果,可是客户一定会对你产生反感,那么,你将永远失去这位客户。

推销员对客户最理想的态度就是不要伤害客户的自尊心,保持相互尊重的态度,这种不卑不亢的举动,才能给客户留下好印象。

知识链接:提前准备拜访资料

拜访者必须提前准备好相关的拜访资料,包括:公司宣传资料、个人名片、笔记本电脑(演示 PPT 和软件操作所用)、笔记本(公司统一发放,软皮笔记本,显得大气和规范,用于记录客户提出的问题和建议)等。如果有必要,还需要带上公司的合同文本、产

品报价单等。其中,报价单上应包括公司提供的产品类型、单价、总价、优惠价、付款方式、合作细则、服务约定、特殊要求等。在有条件的情况下,拜访者还可以随身携带一些小礼物,赠送给客户,当然小礼物价值不能太高。

第三步 正式拜访

●●● 案例

"喂,您好! 请问是××××××公司吗?"

"是啊! 请问您是?"

"我这里是杭州××公司,今天打这个电话给您有两个目的:一是问候您一下,二是想与您预约,过来拜访您一下!"

"你们公司是做什么的呀?"

"我们公司主要生产高性能的工程塑料! 如 ABS、PP、PC 等,品种很多,其中很多型号是用来取代进口产品的!"

"你们的价格是怎样的啊?"

"我们的品种很多,要不我们给您送一份我们公司产品的资料吧,您看行吗?"

"可是我现在没有时间啊!"

"我只给您送一份资料,最多只占用您五分钟时间,您看可以吗?"

"好吧!"

? 思考与讨论

杭州××公司推销员的客户拜访策略是成功还是失败的? 如果是成功的,成功的理由是(请至少写出 3 个):

1. _____

2. _____

3. _____

活动顺序··

1. 设计开场白。

2. 介绍产品。

3. 填写客户拜访记录。

🔍 知识链接：拜访客户应遵循的原则

拜访客户应遵循以下原则。

（1）利益与友谊兼顾——基本原则。这一原则是指推销员在进行推销洽谈时既要为实现本企业和自身的经济利益而采取各种策略，又要把达到这一目标建立在不损害他人利益、共同发展的基础上。

（2）谋求一致——最佳的洽谈方针。要保证推销洽谈的顺利进行，还应确定正确的洽谈方针，即谋求一致的方针，设法求得企业与客户之间的共同利益，使买卖双方互利互惠。

（3）诚挚友好，营造和谐的洽谈气氛。营造和谐的洽谈气氛，能为正式洽谈铺平道路，只有在和谐的气氛中，才能开诚布公地交谈。

（4）自然适时，切入正题。当推销人员与客户之间初步营造了和谐友好的洽谈气氛后，双方就可以进入正式洽谈。开谈阶段，推销人员应巧妙地把话题转入正题，顺利地提出面谈的内容。

（5）沉着冷静，防止感情用事。

（6）正视拒绝。被拒绝是推销员最头痛的，又是不可避免的敌人。正视拒绝，要有心理准备，在受到挫折时也能泰然处之，妥善处理。

🔍 知识链接：客户拜访开场白设计

开场白话术

1. 打招呼

在客户尚未开口之前，推销人员可以以亲切的音调与客户打招呼，如："杨经理，早上好！"

2. 自我介绍

推销人员在表明自己公司的名称及自己的姓名后，将自己的名片双手递给客户，在与客户交换名片后，对客户抽空会见自己表达谢意，如："这是我的名片，感谢您在百忙之中能抽出时间见我！"

3. 开场白的结构

（1）提出议程；

（2）陈述议程对客户的价值；

（3）约定时间；

（4）询问客户是否接受。

如："杨经理，今天我是专门来向您了解贵公司对我们桶装矿泉水的需求情况的，通过对你们明确的计划和需求的了解,我们可以为你们提供更方便的服务,我们谈话的时间大约在五分钟,您看可以吗?"

🔍 知识链接:拜访客户时如何介绍产品

无论是新产品还是老产品,对于客户来说,都是因为有需求才会对产品产生兴趣。因此,介绍产品是决定拜访能否顺利进展的关键一步。在介绍产品时要注意以下四点。

(1)简洁。对于客户来讲,每天接触到的信息可能很多,只有用最简洁的语言才能给客户产生好的印象;另外客户留给推销员的时间也是有限的。

(2)参与。在介绍产品时,必须尽量让客户参与进来,目的是满足客户的好奇心、求知欲和占有欲,为自己争取更多的介绍产品的时间。

(3)比较。现在的时代是同质化产品时代,客户可选择的产品非常多,推销员只有把自己公司的产品和其他公司的同类产品做比较才有可能在最短的时间让客户记住自己公司的产品。

(4)价格。价格不是成交的关键因素,但往往客户对价格又是最敏感的,因此在介绍价格时应力求清楚。

🔍 知识链接:询问客户的技巧

通过询问客户探寻客户真正的需求,这是营销人员最基本的销售技巧。

■ 如何让客户对自己产生好感

(1)设计好问题的漏斗。在询问客户的时候,所提的问题要由大到小,逐步细化。如:"杨经理,您能否介绍一下贵公司今年产品的总体销售趋势和情况?""贵公司在哪些方面有重点的需求?""贵公司对××品牌产品的需求情况,您能否介绍一下?"

■ 销售要学会讲故事

(2)结合运用扩大询问和限定询问的方法。采用扩大询问的方法,可以让客户自由发挥,由此可以获得更多想知道的信息。而采用限定询问的方法,让客户始终不远离会谈的主题,但限定了客户回答问题的方向,范围较窄。如:"杨经理,贵公司的产品需求计划是如何报审的?"这是一个扩大询问的方法;"杨经理,我们提交的一些供货计划,是需要经过您审批后才能转交到下面的部门去落实的吗?"这是一个限定询问的方法。有经验的营销人员切忌采用封闭式的询问方法来代替客户作答,以免造成双方对话的中止。

(3)对客户谈到的要点进行认真的总结。营销人员应根据与客户的会谈内容,进行简单的总结,确保清楚、完整,并得到客户的同意。如:"杨经理,今天我们跟您约定的时间已经到了,今天很高兴从您这儿听到了这么多宝贵的信息,真的很感谢您!您今天所谈到的内容:一是关于……二是关于……三是关于……,您看是这些吗?"

练一练

填写客户拜访记录表(表5-3)。

表5-3　客户拜访记录表

拜访客户公司名称:

拜访性质(第几次拜访):

拜访人:	拜访日期:
随行人员:	填表日期:

携带资料使用情况:

拜访目的:

客户联系人及联系方式:

客户公司概况:

客户现有产品的销售及需求状况:

客户有无购买欲望:

客户对公司评价:

拜访人对客户评价:

下次拜访计划:

知识拓展：列出目标客户名单的方法

1. 客户利用法

客户利用法指利用以往曾有往来的客户来寻找、确定新的客户。在以往的推销工作中,企业如能以优质的产品、周到的服务取信于客户,满足客户的需求,那么客户就会

对企业及其产品产生信赖和亲近感,在这个前提下开展新一轮的推销活动,推销人员就可以请求现有客户向未来的新客户推荐介绍,以身示范,现身说法,使老客户成为企业的宣传员和"业余推销员"。

2. 社会关系法

社会关系法指通过同学、朋友、亲戚等社会关系来寻找可能的客户。通过这种方法联系到的客户一般说来初访成功率较高。美国汽车推销大王乔·吉拉德的一句名言是:"买过我汽车的客户都会帮我推销。"他60%的业绩来自老客户及老客户所推荐的客户。他提出了著名的"250定律",认为平均每个人都能认识250个人,如果得罪了一个人,就等于得罪了250个人。这要求推销人员充分发挥自己的才能,利用每一个客户,充分挖掘其社会关系,拓展市场。

3. 人名录法

这种方法是充分利用现有的资料或机构内已经存在的可以为企业提供线索的一切资料,如同学录、行业名录、团体名录、工会名录、电话簿、户籍名册等,从中寻找目标客户。

🔍 能力拓展

1. 各项目小组结合模拟公司产品的实际,为公司制订半年客户拜访计划,要求能结合当地的实际情况,具有一定的可行性。

2. 各项目小组根据各自所制订的客户拜访计划,找到一家产学合作企业,为其完成部分访客记录。

任务二: 达成交易

工作步骤

第一步 处理反对意见

从接近客户、调查、产品介绍、示范操作、提出建议书到签约的每一个步骤,客户都有可能提出异议;越是懂得异议处理的技巧,销售人员就越能冷静、坦然地处理客户的异议,每处理一个异议,就摒除自身与客户之间的一个障碍,就能接近客户一步。请牢记——销售是从客户的拒绝开始的。

异议的处理在销售中所扮演的角色非常重要,无论是成功还是失败的销售,几乎都伴随着异议的处理。但是,在实际的销售过程中,很多销售人员习惯于"为了处理异议而处理异议"。如:

潜在客户:"要是坏了怎么办?"

销售代表:"这一点您放心,我们完全执行国家的三包政策……"

潜在客户:"能不能再便宜点?"

销售代表:"对不起,这已经是最优惠的价格了。"

? 思考与讨论

以上例子中销售代表的处理方式是正确还是错误的?请结合案例的实际内容谈谈,如果你是销售代表,你将如何处理。

活动顺序··

1. 倾听客户异议。

2. 对客户的反对表达同理心。

3. 重述客户异议,可以用推销询问技巧找出导致客户异议的真正原因。

4. 解除客户异议。

🔍 知识链接:表达同理心的技巧

同理心就是让客户意识到销售人员和他是站在一起的。在客户提出异议的那一刻,销售人员不要急于答辩,而应该坦然接受客户提出的异议,并且表示自己乐意听取客户心中的疑惑;然后,细心倾听对方的说法。设身处地体会客户的感受,有助于化解客户的敌意和抗拒情绪,感染对方把对抗态度转化为乐意与你一起解决问题。

加点同理心,肯定用户的异议,往往比直接反驳用户的异议效果要好。表达同理心时要注意以下几点。

(1)用不同的方法表达。如说:"王经理,您刚才提到关于销售成本下降的问题,之前我们也接触过很多提出类似问题的客户,他们都觉得这个问题比较头疼,需要降下来"(用第三方的说法,以此表达同理心)

(2)在表达同理心时,要与面部表情相配合。在说话时,面部要配上相应的表情。

(3)不要急于表达。要站在客户的立场,不急于表达,尤其忌讳"我很理解你的立

场或者问题,但是……",销售人员的重点放在了"但是"后面,"我理解你"只是顺带的,这使客户的注意力集中在"但是"后面的内容。

🔍 知识链接：销售人员与客户交流时应提的问题及提问技巧

1. 销售人员与客户交流时应提的问题

(1) 与客户的资格相关的问题。

(2) 与客户对产品或服务的需求相关的问题。

(3) 与客户的决策相关的问题。如说:"陈经理,这件事情除了您决定之外,还有谁参与决策呢?"

(4) 与客户的预算相关的问题。

(5) 与竞争对手相关的问题。提出此问题的最佳时机是客户提到竞争对手的时候,而不要主动提起竞争对手。如客户说"前段时间 A 公司也接触过我们"。这时,较好的回答是:"是的,陈经理,A 公司也不错,您觉得他们公司最吸引您的地方在哪里呢?"以此可以探询出客户的需求。

(6) 与客户的时间期限相关的问题。如说:"对,陈经理,你觉得我们什么时候进行进一步的洽谈比较合适?"如果客户说"我还没有想好",这时销售人员就要进一步引导客户,比如说:"陈经理,如果可能的话,还是希望您听听我们的建议。"要让客户意识到现在就该决策了。

(7) 与引导客户达成协议相关的问题。如说:"陈经理,现在应该没什么问题了,那您觉得下一步我们应该怎样去做?"引导客户达成交易。

(8) 提供信息给客户。如说:"陈经理,您有没有看过前天的《中国质量技术监督》杂志,我们的产品成为浙江省免检产品的报道,您有没有看过?"

2. 提问技巧

(1) 提问之前要有前奏。如说:"陈经理,为了能给您一个最适合的方案,请问你们的项目预算大约在多少范围之内?"

(2) 反问。对于销售人员不知道的问题,有两种回答方式,一是实事求是,如说:"陈经理,您提的这个问题非常专业,昨天也有一个客户向我们提了同样的问题,我正准备回去跟我们的工程师讨论一下,我会马上回复您。"二是反问,如客户问:"你们产品的效果究竟怎么样?"较好的回答是:"陈经理,您觉得什么样的效果会符合您的要求,可以让您觉得满意?"

(3) 提问之后保持沉默。提出一个问题后,适当保持一小段时间的沉默,让客户去思考,实际上可以取得很好的效果。

（4）同一时间只问一个问题。

🔍 知识链接：解除客户异议

当客户开始讲述异议的性质，而销售人员也认为自己确实已经明白客户的异议所在时，要在回答前先查证自己是否真的了解问题所在。在继续下一步骤之前，销售人员还必须清楚地知道客户的想法，同时也要表明自己是否真的明白。

经验表明，销售人员在提出解决办法之前，必须先确定是否已经了解对方的异议。如说：

"我知道了，您是说与 B 品牌相比，我们的产品贵了一些，我理解您的想法，因为每个人都希望能够买到最实惠的产品，对吧？"

"对您来说，您是情愿使用更环保、品质更高的产品呢，还是情愿使用价格低一些，但不能让您放心的产品？"

"长远来说，我相信健康和安心的生活对您来说更重要，多投资一点在家人的健康和幸福上面，其实是很值得的。"

第二步　商定交易并签订交易合同

💬 案例

甲公司与乙公司签订了一份产品购买合同，约定由乙公司向甲公司提供花生米100 吨，双方在合同中约定的付款方式为：交货并验收合格后凭卖方全额有效增值税发票于五个工作日内付款。合同签订后，乙公司向甲公司送货 20 吨，甲公司验收后在五日内付了款。后乙公司又向甲公司送货 20 吨，这次甲公司却没有在验收后付款，称按照合同约定，要等全部货物送齐后才付款。乙公司则主张是在每批货物验收后五日内付款，双方无法达成一致，乙公司遂向法院提起诉讼。

❓ 思考与讨论

甲、乙公司争议的焦点是什么？双方所签订的合同存在什么问题？以后应如何避免类似的问题？

活动顺序..

1. 促成交易。每当解决完一个客户异议就要抓住时机促成成交。

2. 了解合同的标准格式。

3. 拟订交易合同。

🔍 知识链接：促成交易的技巧

促成交易是销售人员将潜在客户转变为客户的一个重要过程,是销售的重要一环,也是销售人员梦寐以求的。对销售人员来说,能否有效地促成交易直接关系到其销售业绩的好坏。促成交易主要可使用以下三种技巧。

■ 成功访谈的技巧

■ 小点成交法

(1) 销售人员要有主动的态度,主动出击。

(2) 要多做几次促成交易的试探。

(3) 双方交谈时,促成的话语要能提供契机。如:

"相信您这样的选择是不会错的,如果今天订货的话,我们会尽快给您发货。"

"您是用现金支付还是转账支票?"

"您是要这个系列的产品还是那个系列的?"

"我看您还是选择这个系列的比较好。"

🔍 知识链接：成交信号

推销成交信号是客户通过语言、行为、感情表露出来的购买意图信息。客户的成交意图有些是有意表示的,有些则是无意流露的,后者更需要推销人员及时发现。对于推销人员来说,准确地识别成交信号、把握时机是相当重要的。成交信号可分为语言信号、行为信号和表情信号三种。

1. 语言信号

当客户有心购买时,从其语言中可以得到判定。归纳起来,假如出现下面任何一种情况,就表明客户产生了购买意图。

(1) 询问有关产品的更多细节。

(2) 要求推销人员详细说明使用时的要求、注意事项以及产品的维修等售后服务。

(3) 给予一定程度的肯定或赞同。

(4) 讲述一些意见。

(5) 请教使用产品的方法。

(6) 打听有关产品的详细情况(价格、运输、交货时间、地点等)。

(7) 提出一个新的购买问题。

(8) 表达一种更直接的异议。

2. 行为信号

细致观察客户的行为,并根据其变化的趋势采用相应的策略、技巧加以诱导,在成交阶段十分重要。通常行为信号有以下一些表现。

(1)频频点头,对推销员的介绍或解释表示满意。

(2)耸起的双肩放松下来。

(3)向前倾,更加靠近推销人员。

(4)用手触摸订货单。

(5)再次查看样品、说明书、广告等。

(6)放松身体。

(7)眼睛盯着产品的说明书、样品或者推销人员。

(8)长时间沉默不语。

(9)询问旁边人的意见。

(10)主动热情地将推销人员介绍给负责人或其他主管人员。

(11)开始计算数字。

3. 表情信号

人的表情能够反映出其内心世界。从客户的面部表情可以辨别其购买意向。眼睛注视、嘴角微翘或点头赞许等都与客户心理有关,均可被视为成交信号。表情信号有以下一些表现。

(1)紧锁的双眉舒展分开并上扬。

(2)眼睛转动加快,好像在想什么问题。

(3)眼睛好像要闭起来一样,或是不眨眼。

(4)嘴唇抿紧,好像在品味什么东西。

(5)神色活跃起来。

(6)随着说话者话题的改变而改变表情。

(7)态度更加友好。

(8)视线随着推销人员的动作或所指示的物品而移动。

(9)原先做作的微笑让位于自然的微笑。

由此可见,客户的语言、面部表情和一举一动都在表明他在想什么。从客户明显的行为上,完全可以判断出他是急于购买还是抵制购买。当成交信号发出时,推销人员应及时捕捉,并迅速提出成交要求。当然,这种判断力是需要经验积累的。

🔍 知识链接：产品销售合同格式

供方：_____

地址：_____ 邮编：_____ 电话：_____

法定代表人：＿＿＿＿＿＿　职务：＿＿＿＿＿＿

需方：＿＿＿＿＿＿＿＿＿＿＿＿＿＿＿＿＿＿＿＿＿＿＿

地址：＿＿＿＿＿＿　邮编：＿＿＿＿＿＿　电话：＿＿＿＿＿＿

法定代表人：＿＿＿＿＿＿　职务：＿＿＿＿＿＿

一、产品名称、品种规格、价格、交售时间及数量

产品 名称	品种 规格	计量 单位	单价	总金额	交售时间及数量					
					合计					

合计人民币金额(大写)：

二、质量标准、用途

＿＿＿＿＿＿＿＿＿＿＿＿＿＿＿＿＿＿＿＿＿＿＿＿＿＿＿＿＿＿＿＿＿＿＿＿

三、验收办法及时间、地点

＿＿＿＿＿＿＿＿＿＿＿＿＿＿＿＿＿＿＿＿＿＿＿＿＿＿＿＿＿＿＿＿＿＿＿＿

四、检验及检疫的单位、地点、方法、标准及费用负担

＿＿＿＿＿＿＿＿＿＿＿＿＿＿＿＿＿＿＿＿＿＿＿＿＿＿＿＿＿＿＿＿＿＿＿＿

五、交(提)货地点及运输方式和费用负担

＿＿＿＿＿＿＿＿＿＿＿＿＿＿＿＿＿＿＿＿＿＿＿＿＿＿＿＿＿＿＿＿＿＿＿＿

六、超欠幅度损耗及计算方法

＿＿＿＿＿＿＿＿＿＿＿＿＿＿＿＿＿＿＿＿＿＿＿＿＿＿＿＿＿＿＿＿＿＿＿＿

七、包装标准、包装物的供应与回收和费用负担

＿＿＿＿＿＿＿＿＿＿＿＿＿＿＿＿＿＿＿＿＿＿＿＿＿＿＿＿＿＿＿＿＿＿＿＿

八、结算方式及期限

＿＿＿＿＿＿＿＿＿＿＿＿＿＿＿＿＿＿＿＿＿＿＿＿＿＿＿＿＿＿＿＿＿＿＿＿

九、给付定金的数额、时间

＿＿＿＿＿＿＿＿＿＿＿＿＿＿＿＿＿＿＿＿＿＿＿＿＿＿＿＿＿＿＿＿＿＿＿＿

十、如需提供担保，另立合同担保书，作为本合同附件

＿＿＿＿＿＿＿＿＿＿＿＿＿＿＿＿＿＿＿＿＿＿＿＿＿＿＿＿＿＿＿＿＿＿＿＿

十一、违约责任

＿＿＿＿＿＿＿＿＿＿＿＿＿＿＿＿＿＿＿＿＿＿＿＿＿＿＿＿＿＿＿＿＿＿＿＿

十二、解决合同纠纷的方式

＿＿＿＿＿＿＿＿＿＿＿＿＿＿＿＿＿＿＿＿＿＿＿＿＿＿＿＿＿＿＿＿＿＿＿＿

十三、其他约定事项

_____

十四、本合同于____年____月____日在____签订;有效期至____年____月____日。

供方   需方

单位名称:_____(章)   单位名称:_____(章)

代表人:_____   代表人:_____

开户银行:_____   开户银行:_____

账号:_____   账号:_____

____年____月____日   ____年____月____日

知识链接:合同的形式

合同的形式是指缔约当事人所达成的协议的表现形式。合同的形式是由合同及内容决定的。《中华人民共和国民法通则》第56条规定:"民事法律行为可以采用书面形式、口头形式或者其他形式。法律规定用特定形式的,应当依照法律的规定。"这是我国法律对合同形式的一般规定。

实践中常见的合同形式有以下几种。

1.口头形式

口头形式是合同当事人通过对话订立合同的形式。口头形式的合同简便易行、直接,对加速商品流转有着十分重要的作用,因而,口头形式的合同非常盛行。我国公民在个人、家庭生活中采用的合同形式绝大多数为口头形式。口头形式也有很大的缺点,即发生纠纷时难以证明,不易分清责任。因而,它比较适合于标的数量不大、内容简单而能即时结清的合同关系。企业、个体工商户、农村承包经营户之间订立的合同,一般不宜采用口头形式,而应当采用书面形式或其他形式。

2.书面形式

书面形式是指当事人以文字表达协议内容的合同形式。书面形式较口头形式复杂,但其权利、义务记载明确,不易发生争议,即使发生争议也有据可查,容易解决。《中华人民共和国经济合同法》规定合同除即时结清者外,应当采用书面形式。《中华人民共和国涉外经济合同法》和《中华人民共和国技术合同法》则规定以书面形式为合同的成立要件。在书面形式作为合同成立要件或生效要件的情况下,只有具备了书面形式,合同才能成立或生效。书面形式合同可作为证据,其效力也优于口头证据。

（1）书面形式的分类

《中华人民共和国合同法》第 11 条规定："书面形式是指合同书、信件和数据电文（包括电报、电传、传真、电子数据交换和电子邮件）等可以有形地表现所载内容的形式。"这里的"有形"，主要是指视觉形象。

书面形式包括两种：其一，纸面形式；其二，数据形式。

①纸面形式。纸面形式的特点是：首先，有"纸"；其次，所记载的文字是作用于视觉器官的，但是也有例外，即盲文。合同书、信件、确认书等一般表现为纸面形式。合同书是规范的书面形式，它可以由当事人同时、同地签订，也可以由当事人在异地分别签订。

②数据形式。数据形式所反映的信息，与纸面形式一样，是作用于视觉器官的，但数据形式合同不要求必须落实在纸面上。电子数据交换（EDI）和电子邮件，是数据形式，是书面形式的一种。

（2）书面合同的内容

书面合同不论采取何种格式，其基本内容通常包括约首、基本条款和约尾三个部分。

①约首部分。约首一般包括合同名称，合同编号，缔约双方的名称、地址、电话与电传号码等内容。

②基本条款。这是合同的主体，其中包括品名、品质规格、数量或重量、包装、价格、交货条件、运输、保险、支付、检验、索赔、不可抗力和仲裁等内容。双方商定合同，主要是就这些基本条款如何规定进行磋商，达成一致意见。

③约尾部分。约尾部分一般包括订约日期、订约地点和双方当事人签字等内容。

3. 公证形式

公证形式是当事人约定，以国家公证机关对合同内容加以审查公证的方式订立合同时所采取的一种合同形式。公证机关公证一般以书面形式为基础，对合同的真实性、合法性进行审查，然后制作公证书，以资证明。经过公证的合同，只要没有相反证明，司法、仲裁机关一般都承认其效力。我国法律对公证实行自愿原则，是否公证，由缔约方自己决定。但合同当事人约定公证以后生效的，必须经过公证才能发生法律效力，有些地区以行政命令方式规定一切合同必须经过公证才生效，这是违反法律的，不能以这些行政命令为依据而认定未经公证的合同无效。

4. 鉴证形式

鉴证形式是以国家合同管理机关对合同的真实性、合法性进行审查而订立合同的一种形式。鉴证是国家对合同进行监督管理的行政措施，由各地工商行政管理部门进行。鉴证也由当事人选择采用。

5. 批准形式

批准形式是指法律规定某些类别的合同须经国家主管机关批准才能生效的一种合同形式。这类合同除具有一般合同生效要件外,还必须以书面形式报经有关主管机关批准。如《中华人民共和国技术进出口管理条例》第 14 条规定:"进口经营者签订技术进口合同后,应当向国务院外经贸主管部门提交技术进口合同副本及有关文件,申请技术进口许可证。"第 16 条规定:"技术进口经许可的,由国务院外经贸主管部门颁发技术进口许可证。技术进口合同自技术进口许可证颁发之日起生效。"合同的批准形式是国家对某些特殊类别的合同所做的规定。

6. 登记形式

登记形式是指当事人依照法律规定,将合同提交主管机关登记而订立合同的一种方式。登记形式一般常见于不动产买卖、转让合同,如房屋买卖合同。《中华人民共和国专利法》规定转让专利权应当由国务院专利行政部门登记并公告,专利权自公告之日起转移。登记、公告成为专利权转让合同的生效条件。

🔍 知识链接：如何起草销售合同

成功的销售谈判,最后一个程序就是双方签订具有法律效力的合同或协议。合同的起草也很重要,既要符合一系列的基本要求,又要把握具体细节,依据一定的制定原则。

(1) 标题:即合同的名称。

(2) 约首:包括需方和供方单位的名称,签订合同的日期、地点以及此项经济活动的目的等。订约的日期、地点不一定要放在约首,也可以放在约尾。

下列内容一般要在约首写明:

① 本合同一式____份,供方____份,需方____份。

② 合同规定生效和作废的条件和日期,一般规定合同有效期_____年,自合同签订之日起生效,_____年____月____日作废或履行完毕时作废;或限期前____月另行协商续订;或根据计划协商续订;或根据生产需要协商续订。

③ 双方单位的地址、电话等。

④ 双方单位盖章(单位公章或合同专用章)。

⑤ 法定代表人及经办人签名(与盖章)。

有些内容实际上是合同的补充条款,有些则是为了业务上的方便。

(3) 合同的内容由当事人约定,一般包括以下条款:

① 当事人的名称或者姓名和住所;

② 标的;

③ 数量；

④ 质量；

⑤ 价款或者报酬；

⑥ 履行期限、地点和方式；

⑦ 违约责任；

⑧ 解决争议的方法。

当事人可以参照各类合同的示范文本订立合同。

🔎 知识链接：起草销售合同的原则

合同的起草，是谈判成果的具体形成，是以文字体现双方的一致意见。因此，起草销售合同在谈判中具有举足轻重的地位，起草时必须遵循下列原则：

(1) 明确合同的内容；

(2) 内容规范、文字准确；

(3) 完善具体细节；

(4) 具有法律效力；

(5) 双方共同参与。

销售合同的起草还要注意以下几点：

(1) 既要符合基本要求，又要把握具体细节；

(2) 必须以双方谈判的结果为基础；

(3) 合同的语言要正式、准确、清晰；

(4) 合同内容必须符合法律的规定。

📝 练一练

请根据小李公司的实际情况，按照合同的模板，为小李公司与客户拟订一份模拟交易合同。

🔍 能力拓展

请各项目小组模拟一次商品交易，并起草一份产品的销售合同。

任务三: **维护客户关系**

工作步骤

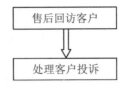

第一步 **售后回访客户**

活动顺序···

1. 制订客户回访计划。

2. 采用上门回访、电话回访、信函回访、发放客户意见调查表等形式对企业所开展的经营项目进行售后回访。

3. 填写客户回访表。

🔍 知识链接:客户回访的具体流程

1. 确定回访对象

(1) 将经营状况、付款及时性与工作配合度欠佳的客户列为 A 类客户,由部门经理跟踪回访;将经营状况、付款及时性与工作配合度一般的客户列为 B 类客户,由部门主管跟踪回访;将经营状况、付款及时性与工作配合度良好的客户列为 C 类客户,由部门职员跟踪回访。

(2) 对公司服务质量投诉比较多的客户、问题比较大的客户由部门经理回访,对公司服务质量投诉相对少的客户、问题较小的客户由部门主管或者职员回访,对公司的发展和管理提出过建设性意见的客户以及对公司有强烈不满的重点客户由公司负责人回访。

(3) 各部门可以结合各自的情况,根据税务问题或者会计问题由专人负责或划区域负责的原则,责任到人,由负责人根据本区域内客户的实际情况安排回访的先后顺序,确定回访的对象。建议专人负责开展一对一、一对多的跟踪服务。

2. 明确回访内容

(1) 调查客户对公司服务的满意度。

(2) 了解客户真正的服务需求,收集相关信息。

(3) 解决客户遇到的实际问题。

（4）加强与客户的沟通，根据客户的意见和建议不断改进以后的维护工作。

3. 准备回访

（1）了解和掌握将要回访客户的基本情况，对客户存在问题的相关知识要理解，有针对性地制订回访计划。

（2）准备好与回访客户相关的资料，包括地址、电话、性格、兴趣爱好、经营情况等。切实地解决客户的问题，打消其顾虑，加强合作基础。

（3）在回访前，应该主动与客户取得联系，征求同意，约定时间、地点后再上门回访。

4. 确定回访时间

回访客户的时间安排，应该根据不同形式的客户而定。

（1）对那些投诉频繁、问题比较严重、急需解决问题的客户，要抓紧时间安排回访，尽快与其取得联系，与其说明问题的严重性，需要及时商量解决。

（2）对那些问题比较少、回访目的是加强合作关系的客户，可以按具体的情况安排。对这类客户可以灵活安排回访时间，可以根据客户的空闲时间和本公司人员的繁忙程度而定。

5. 回访

（1）回访人员言谈举止要得体，着装整洁大方，礼貌友好，不卑不亢，保持公司良好形象。

（2）问候。可从关心用户及家人入手，拉近距离、培养感情，注意与用户家人及其周围的朋友建立良好关系。

（3）通过与客户沟通，了解客户真正存在的问题和需要解决的问题，根据客户的不同态度选择谈话内容，提出不同的建议和要求。

6. 结束回访

（1）对客户提出的问题给予明确的答复。

（2）向客户再次讲明回访目的，并表示感谢，为下一次回访做好铺垫。

（3）认真及时总结回访结果、处理方法及客户的有关情况，做好相关记录。

（4）向上一级汇报回访情况，遇到疑难问题应该组织会议进行讨论交流，寻找解决问题的方法，总结经验教训。

💬 练一练

填写客户回访记录表（表5-4）。

表 5-4 客户回访记录表

访问客户	地址电话	业种	访问动机	面谈时间	经过	对应商品	预估销售额	区分	备注
			□主动访问 □公司命令 □探听得来 □介绍					□新客户 □续访问 □用户 □售后服务 □其他	
			□主动访问 □公司命令 □探听得来 □介绍					□新客户 □续访问 □用户 □售后服务 □其他	
			□主动访问 □公司命令 □探听得来 □介绍					□新客户 □续访问 □用户 □售后服务 □其他	
			□主动访问 □公司命令 □探听得来 □介绍					□新客户 □续访问 □用户 □售后服务 □其他	

本日成果

上司评价

第二步 处理客户投诉

活动顺序

1. 记录投诉内容。

2. 判断投诉是否成立。

3. 根据客户投诉的内容,确定投诉处理的负责部门及责任人。

4. 责任部门分析投诉原因。

5. 提出处理方案。

6. 提交主管领导批示。

7. 实施处理方案,处罚直接责任人,通知客户,尽快收集客户反馈意见。

8. 对投诉处理过程进行总结与综合评价,提出改进对策。

知识链接：客户投诉记录

充分利用客户投诉记录表详细地记录客户投诉的内容如投诉人、投诉时间、投诉对象、投诉要求等,认真收集客户投诉的一手资料。

1. 客户投诉的内容

客户投诉的内容主要可以归纳为以下几个方面。

(1)商品质量投诉。如产品有质量上的缺陷、产品规格不符、产品技术规格超出允许误差、产品故障等。

(2)购销合同投诉。如产品数量、等级、规格、交货时间、交货地点、结算方式、交易条件与原购销合同不符等。

(3)货物运输投诉。如货物在运输途中发生损坏、丢失和变质,因包装或装卸不当造成损失,等等。

(4)服务投诉。如客户对企业各类人员的服务质量、服务态度、服务方式、服务技巧等提出的批评与抱怨等。

2. 记录客户投诉内容的原则

在记录客户投诉内容的时候需要遵循以下几个原则。

(1)控制自己情绪,保持冷静、平和。

(2)先处理客户的情绪,改变客户心态,然后处理投诉内容。

(3)应将客户的投诉行为看成是公事,进行实事求是的判断,不应加入个人情绪和喜好。

(4)以认真负责的态度真正关心客户投诉的问题。

3. 客户投诉记录表

对客户的投诉可用表格的形式加以记录,如表 5-5 所示。

表 5-5　客户投诉记录表

记录人		日期	
受到投诉方式	1. 电话;2. 亲自拜访;3. 通过他人		
投诉人姓名		电话	
投诉人地址			
投诉内容	1. 产品质量投诉;2. 货物运输投诉;3. 服务投诉;4. 其他投诉		

具体原因及要求:

续 表

处理方案			
处理人		时间	

处理方式：

销管部		总经理	

处理结果：

处罚相关责任人：

被处罚人签字：

知识链接：客户投诉处理

如何巧妙
应对客户
投诉

1. 认真与客户沟通

在与客户沟通的过程中要遵循以下一些原则。

（1）认真倾听，保持冷静；同情、理解并安慰客户。

（2）给予客户足够的重视和关注。

（3）不让客户等待太久；当客户不知道等待多久时，告诉客户明确的等待时间。

（4）注意对事件全过程进行仔细询问，语速不宜过快，要做详细的投诉记录。

（5）立即采取行动，协调有关部门解决。

2. 客户投诉处理的方法

可以采用以下一些方法来处理客户投诉。

（1）鼓励客户解释投诉的问题，以避免理解上的误差。

（2）积极获得和判断事实的真相，以使客户的投诉得到公平的处理。

（3）提供解决的办法。企业内部不指责也不推卸责任，不做对企业形象有消极影响的事。

（4）公平地解决索赔问题。

3. 客户投诉处理的原则

在处理客户投诉过程中要遵循以下一些原则。

(1) 根据投诉类别和情况,提出相应的解决问题的具体措施。

(2) 向客户说明解决问题所需要的时间及其原因。

(3) 如果客户不认可或拒绝接受解决方法,应坦诚向客户表明公司的限制。

(4) 按时限要求及时将需要后台处理的投诉记录传递给相关部门。

能力拓展

请各项目小组为模拟公司设计一份客户维护计划书及客户回访表。

自测题

一、判断题

1. 推销员进门前,如果门是开启的,可以不必按门铃或敲门。(   )

2. 当推销员第一次使用电话与潜在客户谈话时,不要在电话中介绍产品和价格。(   )

3. 优惠成交法和最后机会成交法结合起来用更能增强对准客户的刺激强度。(   )

4. 强调自身与客户的共同点是推销人员增强自身亲和力的有效途径。(   )

5. 通过对客户进行品行、偿债能力、资本、抵押品和条件等方面的定性分析,基本上可以判断其信用状况。(   )

二、单选题

1. 在推销活动中,推销员必须坚持以(   )为中心。

A. 企业   B. 产品

C. 市场   D. 客户

2. 新型果汁机性能、质量优越于原有产品,在向目标客户推销时,推销人员最好用(   )。

A. 产品接近法   B. 好奇接近法   C. 利益接近法

D. 求教接近法   E. 表演接近法   F. 赞美接近法

3. 具备下列哪一种特征的人才能成为准客户?(   )

A. 有强烈的购买欲望

B. 有足够的购买力

C. 有对推销商品的渴求

D. 能从推销的商品消费中获益并有购买该商品的能力

4. 推销人员对推销对象的情况知之甚少时直接走访某一特定区域的所有个人或组织,以寻找潜在客户的方法是(　　　)。

A. 地毯式寻找法　　　　　　　B. 中心开花法

C. 个人观察法　　　　　　　　D. 链式引荐法

5. 推销人员问客户:"这种产品您是要红色的还是要黑色的呢?"他的方法是(　　　)。

A. 请求成交法　　　　　　　　B. 选择成交法

C. 谈判成交法　　　　　　　　D. 小点成交法

三、多选题

1. 一顾客在一家大商场选购某种小家电时提问:"你们的价格为什么这么高?"经验丰富的营业员说明价格差异的主要原因是(　　　)。

A. 品牌不同　　　　B. 用料不同　　　　C. 规格不同

D. 使用寿命不同　　E. 用途不同

2. 推销要素是指(　　　)。

A. 推销人员　　　　B. 推销机构　　　　C. 推销品

D. 推销对象　　　　E. 推销工具

3. 你认为推销员成交失败的原因主要是(　　　)。

A. 害怕失败　　　　B. 客户难缠　　　　C. 没有主动提出成交

D. 思想顾虑　　　　E. 对推销品缺乏信心

4. 推销员除具备基本的思想、文化、身体及心理素质外,还应练就的技能是(　　　)。

A. 语言表达能力　　B. 社交能力　　　　C. 洞察能力

D. 应变能力　　　　E. 处理异议能力

5. 推销员成功地做了使用示范,消除了各种异议之后应该(　　　)。

A. 把买卖合同呈上　　　　　　B. 保持沉默,等待客户表态

C. 把名片递给客户　　　　　　D. 试探性地提出的成交

E. 重申有关推销要点

四、简答题

1. 拜访客户的流程有哪些?

2. 如何维护老客户?

3. 处理客户异议的方法有哪些?

参考文献

[1] 阿尔·里斯,杰克·特劳特.定位[M].谢伟山,苑爱冬,译.北京:机械工业出版社,2011.

[2] 毕思勇.推销技巧[M].北京:高等教育出版社,2015.

[3] 程宇宁.品牌策划与管理[M].2版.北京:中国人民大学出版社,2014.

[4] 戴鑫.新媒体营销:网络营销新视角[M].北京:机械工业出版社,2017.

[5] 杜一凡,胡一波.新媒体营销:营销方式+推广技巧+案例分析[M].北京:人民邮电出版社,2017.

[6] 菲利普·科特勒,加里·阿姆斯特朗.市场营销:原理与实践:第16版[M].楼尊,译.北京:中国人民大学出版社,2015.

[7] 菲利普·科特勒,凯文·莱恩·凯勒.营销管理:第14版[M].王永贵,于洪彦,何佳讯,等译.上海:格致出版社,上海人民出版社,2012.

[8] 国务院法制办公室.中华人民共和国公司法:实用版[M].北京:中国法制出版社,2010.

[9] 胡娜.推销技巧[M].北京:中国人民大学出版社,2013.

[10] 金麦奖组委会.创意营销:中国互联网营销新趋势[M].北京:中国友谊出版公司,2015.

[11] 金水.广告策划创意与案例分析[M].北京:经济日报出版社,2015.

[12] 酒井隆.图解市场调查指南[M].郑文艺,陈菲,译.广州:中山大学出版社,2008.

[13] 罗伯特·库珀.新产品开发流程管理:以市场为驱动:第4版[M].青铜器软件公司,译.北京:电子工业出版社,2013.

[14] 骆品亮.定价策略[M].3版.上海:上海财经大学出版社,2013.

[15] 孟繁荣.公关策划[M].北京:经济管理出版社,2011.

[16] 尚阳.营销渠道设计、管理与创新[M].北京:中国物资出版社,2011.

[17] 威廉·阿伦斯,迈克尔·维戈尔德,克里斯蒂安·阿伦斯.广告与营销策划:第11版[M].丁俊杰,程坪,陈志娟,译.北京:人民邮电出版社,2013.

[18] 小卡尔·麦克丹尼尔,罗杰·盖茨.当代市场调研:原书第8版[M].李桂华,等译.北京:机械工业出版社,2012.

［19］张云,王刚.定位品类战略[M].北京:机械工业出版社,2014.

［20］章金萍,方志坚.营销策划[M].北京:高等教育出版社,2016.

［21］章金萍.市场营销实务[M].4版.北京:中国人民大学出版社,2017.

［22］朱华锋.促销活动策划与执行[M].合肥:中国科学技术大学出版社,2013.

后　记

经过编写组成员的共同努力以及多方的热忱合作,《新编市场营销实务》终于问世了。本书由浙江金融职业学院工商管理学院院长章金萍教授主编,工商管理学院副院长戴海容副教授担任副主编。在浙江大学出版社 2010 年版《市场营销实务》的基础上,由章金萍统纂、修改定稿。各项目撰写人员为:浙江金融职业学院戴海容副教授(项目一);浙江金融职业学院曹湛副教授(项目二);浙江金融职业学院罗怀中副教授(项目三);浙江金融职业学院章金萍教授(项目四);浙江金融职业学院胡娜副教授(项目五)。在本书编写过程中,我们参阅了大量中外文献,并得到了浙江大学出版社的大力帮助和支持,在此一并致谢!

编　者

2018 年 7 月于杭州